기적의
명문대
논술
합격
비법

기적의
명문대 논술 합격비법

초판 1쇄 인쇄 | 2017년 8월 11일
초판 1쇄 발행 | 2017년 8월 18일

지은이 | 최정호
펴낸이 | 박영욱
펴낸곳 | 북오션 에듀월드

편 집 | 허현자 · 김상진
마케팅 | 최석진
디자인 | 서정희 · 민영선

주 소 | 서울시 마포구 월드컵로 14길 62
이메일 | bookrose@naver.com
네이버포스트 | m.post.naver.com
전 화 | 편집문의: 02-325-9172   영업문의: 02-322-6709
팩 스 | 02-3143-3964

출판신고번호 | 제313-2007-000197호

ISBN 978-89-6799-333-7 (43370)

이 도서의 국립중앙도서관 출판예정도서목록(CIP)은 서지정보유통지원시스템
홈페이지(http://seoji.nl.go.kr)와 국가자료공동목록시스템
(http://www.nl.go.kr/kolisnet)에서 이용하실 수 있습니다.
(CIP제어번호: CIP2017017416)

기적의
명문대
논술
합격
비법

최정호 지음

북오션
에듀월드

아직, 포기하지 마라, 논술이 있다!

'논술시험에 역전의 기회가 있다.' 이 한마디를 학생들이 기억했으면 좋겠다.

2018학년도 대학입시부터는 수시선발로 73.7%의 대학 신입생을 선발한다. 수시선발 비중이 커져가는 추세는 2019년에도 계속 이어져 76.2%로 예상되고 있다. 현실적으로 수시에서 학생부교과나 학생부 종합전형은 학생의 '내신'에 기준을 두고 있기 때문에 지원할 수 있는 대학들이 어느 정도 정해져 있다.

그러나 똑같은 수시선발 중 하나지만 논술시험은 성격이 좀 다르다. 현행 대입에서 논술시험은 수험생이 쓴 답안에 배점과 평가비중이 높아서 내신과 수능 성적이 낮더라도 이 한계를 충분히 극복할 수 있다. 또한 특정대학의 논술시험에 지원한 학생들은 대부분 내신이나 수능 등급이 비슷한 경우가 많다. 즉, 논술을 대비하면 수능 또는 내신에만 집중하는 것보다 대학합격의 가능성이 훨씬 높아진다.

그런데 과연 이런 사실을 알고 있는 수험생은 얼마나 될까? 필자가 이 책을 쓰게 된 동기가 바로 여기 있다.

대한민국 대입선발 시험 역사상 이런 기회는 없다!

대입 수학능력시험제도 이전의 학력고사 제도에서는 진학할 수 있는 대학이 점수에 따라 대략 정해져 있었다. 초기의 수학능력시험도 마찬가지였다. 이 시기의 대입시험은 '역전의 기회' 같은 말은 존재할 수도 없었다.

최근의 논술시험 제도는 어떠한가? 최저등급만 획득하면 상위권 대학에 얼마든지 도전할 수 있고, 최저등급을 못 받아도 지원할 수 있는 대학도 12곳이나 있다.

수험생들은 최선을 다해도 내신성적과 수능모의고사 성적이 기대보다 안 나올 수 있다. 그렇다면 이제 원래 목표한 대학에 더 이상 지원할 수 없을까? 아니다. 포기하지 말고 '논술'이라는 대안이 있음을 기억하자. 이 책으로 하루 30분 정도만 시간을 내어 매일 논술 훈련을 시작하라.

그렇다. 기적은 포기하지 않은 내가 만든다!

최정호

목차

머리말 아직, 포기하지 마라, 논술이 있다!

Chapter 1 논술 실력이 합격을 좌우한다

Chapter 2 합격을 결정하는 논술, 그런데 어떻게 쓰지?

Chapter 3 명문대 합격생들의 7가지 논술 비법

Chapter 4   내가 원하는 대학이 원하는 것을 미리 준비하라

부록

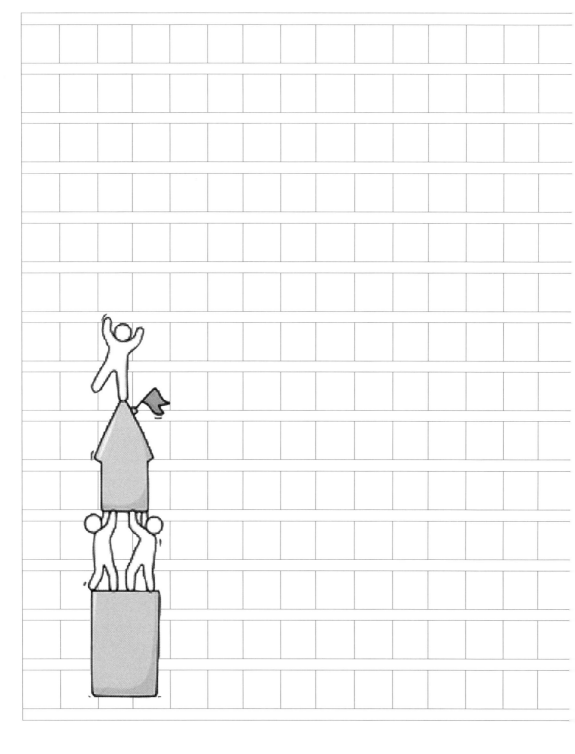

Chapter 1

논술 실력이
합격을 좌우한다

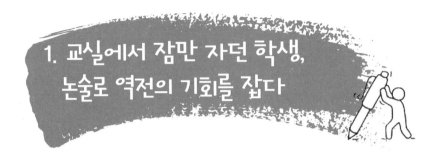

1. 교실에서 잠만 자던 학생, 논술로 역전의 기회를 잡다

내신성적, 수능 점수가 낮은 수험생의 고민

수능만 열심히 준비하면 대학에 쉽게 합격할 수 있을까? 자기소개서를 정성스럽게 쓰면 수시선발에서 쉽게 합격할 수 있을까? 만약 고등학교 3년 동안 나름 열심히 공부했지만, 모의고사나 내신성적이 수능 직전까지 잘 나오지 않는다면 어떻게 할 것인가?

2016년 3월, 서울 노원구 상계동에 사는 어느 여학생이 찾아왔다. 학생은 근심 어린 얼굴을 하고 말했다.

"담임선생님께서 3학년인 현재 제 성적으론 서울에 있는 4년제 대학은 물론 수도권 대학도 장담할 수 없다고 하셨어요. 야간 자율학습 한 번 빠진적 없이 열심히 공부했는데, 성적이 오르질 않아요. 어떡하면 좋죠?"

학생은 요즘 수업시간에는 기운이 없어 잠만 잔다고 말했다. 수시선발이든, 정시선발이든 서울이나 수도권의 대학 진학에 희망이 없기 때문이다. 서울 소재 4년제 대학 합격은 힘들고, 지방으로 가자니 생활비가 만만찮았다.

필자는 그 학생에게 대학 이름이 인쇄된 종이 한 장을 보여주었다.

"네가 서울과 수도권 4년제 대학에 진학할 수 있는 방법은 현재로선 논술밖에 없는 듯하다. 논술시험에 한번 도전해보렴."

논술시험이 있는 한 꿈은 유효하다

한양대학교, 서울시립대학교, 건국대학교, 한국항공대학교, 광운대학교, 단국대학교, 경기대학교, 서울과학기술대학교, 인하대학교, 아주대학교

위 대학들의 공통점은 무엇일까? 간단히 말하면 논술시험에서 수능 '최저등급'을 고려하지 않는 대학들이다. 다시 말하면 10개 대학은 논술시험에서 수능 성적의 영향을 받지 않는 대학들이다. 이 여학생은 그해 논술시험으로 광운대학교에 합격했다. 본인이 기뻐한 것은 물론이고, 학생의 부모님도 무척 고마워하셨다.

대한민국 고등학생들은 3학년이 되면 일이 많아진다. 대다수 고3은 자기소개서는 한 번 이상 쓰게 된다. 자기소개서는 면접과 동전의 양면처럼 짝을 이루고 있기 때문에 당연히 면접도 준비해야 한다. 만약 같은 대학의 다

른 학과에 중복으로 지원하려면 자소서의 내용 또한 수정해야 한다.

무엇보다 고3 학생들에게 가장 중요한 일정은 매년 11월에 있는 수학능력시험이다. 따라서 8월부터는 자기소개서 수정하랴, 9월에 있을 마지막 수능모의고사 준비하랴 정신이 없다. 게다가 논술시험을 보려는 학생들은 글쓰기 연습도 꾸준히 이어가야 한다.

대입전형이 복잡해진 이유는 수시선발제도 때문이다. 대학이 '인재를 미리 뽑겠다'는 취지의 수시제도는 교과전형과 학생부종합전형 그리고 논술시험으로 구성된다. 수학능력시험이 시작될 때만 해도 수시선발제도는 없었다. 수능시험의 점수에 맞춰 지원할 대학이 얼추 결정되었다. 즉 학교생활기록부를 바탕으로 자기소개서와 면접을 준비해야 하는 식의 선발방법은 없었다.

그런데 요즘은 수시선발제도로 70% 이상의 학생들을 미리 선발해버린다. 수능시험을 통한 정시선발로는 그 해 대한민국의 대학 전체 선발인원 중 30% 정도도 채 뽑지 않는다는 말이다.

대입 교과전형의 핵심은 내신이다. 즉 학교 내신성적이 뛰어난 사람에게 유리한 시험이다. 따라서 이 전형에서 내신이 좋지 않은 학생들은 대학에 원서를 내밀 엄두도 못 낸다. 또한 '학생부종합전형'은 자기소개서를 바탕으로 면접의 기회가 주어지지만, 기본적으로 내신을 바탕으로 평가하는 영역이다. 따라서 내신이 좋지 못하면 상위권 대학 진학이 사실상 어렵다. 대학이 선발하고 싶은 인재요건에 최적화된 학생이라면 부족한 내신을 자기소개서나 면접으로 보완할 수 있다. 하지만 그럴 만한 능력이 있는 학생은 극소수에 불과하다.

논술시험은 '역전의 기회'를 준다

논술시험은 '진검 승부'라고 할 수 있다. 학생들은 갈고 닦은 논리적 글쓰기의 칼을 시험장에서 휘두르면 된다. 학생부종합전형처럼 자기소개서와 면접이란 2중의 준비도 필요 없다. 차차 설명하겠지만 논술시험은 '열린 문'이다. 내신성적이 좋지 못해도, 수능모의고사 성적이 예상보다 못 나와도 시험을 칠 수 있는 기회가 존재한다.

그렇다면 위에 언급한 대학들이 수능 최저등급도 고려하지 않고, 내신성적도 적게 반영하는 이유가 무엇일까? 답은 간단하다. 대학에서는 우수한 인재를 찾을 수 있는 또 다른 방법 중 하나가 논술이라고 믿기 때문이다. 학생의 입장에서 보면 논술을 잘하면 상위권 대학에 합격할 가능성이 있다는 뜻이다.

입시 문제로 필자를 찾아온 학생은 논술시험으로 두 개의 대학에 최종 합격하였다. 수능모의고사 성적과 내신성적만으로는 광운대학교와 서울과학기술대학교는 말할 것도 없거니와, 서울의 상위권 전문대도 진학하기 힘들었을 것이다.

필자가 동료 강사로부터 들었던 가장 '쇼킹(shocking)'했던 사례는 군 복무 중 논술시험으로 연세대에 합격한 군인의 이야기다. 이 학생은 중앙대학교 1학년을 마치고 군에 입대했다. 그런데 군대에서 원래 가고 싶었던 연세대에 진학하기 위해서 대입을 다시 준비하겠다는 결심을 하고 전략을 짰다. '수능은 연세대 논술시험에 응할 수 있는 최저등급 받을 정도만 하자. 그리고 논술로 승부를 보자.' 이 학생은 복무기간 중에도 틈틈이 쉬는 시간을 그냥 흘려보내지 않았다. 시간이 날 때마다, 휴가를 얻어서 나오면 논술 기출문제들을 풀고 또 풀었다. 그리고 휴가를 이용해서 수능시험을 보았고, 전역하는 해에 논술시험으로 연세대 학생이 되었다.

누구는 도전해서 '부유한 실천가'가 되고, 누구는 가난한 '비평가'가 된다. 논술에서도 마찬가지다. 수업이나 입시설명회에서 이 군인의 사례를 이야기하면 학생들은 두 부류로 나뉜다. "대단해요! 저도 논술에 도전해보고 싶어요"라고 표현하는 학생들과 "선생님! 그 사람은 원래 성적이 좋았든가, 논술의 천재였던가 보죠?" 혹은 "에이, 선생님께서 저희한테 자신감을 심어주려고 일부러 그렇게 말씀하시는 거죠?"라고 말하는 학생들이 존재한다.

그러나 이런 유형의 합격생들은 생각보다 훨씬 많다. 해마다 차이는 있겠지만, 서강대학교에서 발표한 논술 합격자들 15% 정도가 내신 3등급 이하의 학생들이다. 한양대학교도, 경희대학교도 수치가 비슷하다.

행복해지기 위해 논술에 도전하라

행복은 성적순이 아니지만, 진학을 앞둔 학생들은 원하는 대학에 합격하는 것이 현실적인 '행복'일 것이다. 그렇다면 학교 성적이 좋지 못해도, 수능모의고사 성적이 낮아도, 상위권 대학에 도전할 기회가 한 번쯤은 있어야 하지 않을까? '기회'는 곧 '희망'과 같은 것이다.

내신과 현재의 수능모의고사 성적이 나쁘면 전문대학을 가야 하나? 물론 4년제를 졸업하고 다시 전문대를 가는 경우도 있고, 처음부터 전문대학을 목표로 진학하는 경우는 예외다. 그러나 문제는 성적에 쫓겨 '울며 겨자 먹기'로 대학과 전공을 선택하는 경우다. 낮은 성적 때문에 '원하는 대학'과 '원하는 전공'을 아예 선택할 수 없는 상황이 발생하는 것이다. 그러나 논술을 준비하면 역전의 기회가 생긴다. 따라서 성적이 조금 부족하더라도 그 '역전의 기회'를 잡아보라고 권유하는 것이다.

 합격을 위한 한마디

2018학년도부터는 한양대학교, 서울시립대학교(학교장 추천을 받아야 한다), 한국항공대학교, 광운대학교, 단국대학교, 경기대학교, 아주대학교, 건국대학교, 서울과학기술대학교, 카톨릭대학교, 인하대학교, 한국산업기술대학교가 논술시험에서 수능 최저등급을 요구하지 않는다. 따라서 위 12곳의 대학의 논술시험은 수능 성적에 상관없이 누구나 지원할 수 있으니 인터넷으로 원서를 제출하고 과감히 도전하는 것도 좋은 입시전략이라고 생각한다.

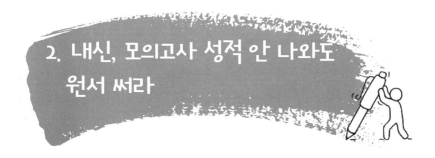

2. 내신, 모의고사 성적 안 나와도 원서 써라

내신과 모의고사 성적이 나쁘면 상위권 대학에는 도전조차 못하는 것일까?

수능모의고사 네 과목 중 유독 수학 점수가 안 좋거나, 영어나 국어 점수가 다른 과목에 비해 저조한 학생들이 있다. 정시선발에서는 수능 성적이 학생을 선발하는 핵심자료다. 서울대학교의 경우, 수능 평균 1등급의 학생들이 대부분 선발된다(서울대학교 의과대학은 수능 만점자가 떨어진 경우도 있었다). 또 해마다 차이는 있겠지만, 2015년도 경희대학교 인문계열은 평균 375점(400점 만점 기준) 이상의 수능 성적을 받아야 합격이 가능했다.

원래 성적이 뛰어난 학생들이더라도 수능 당일, 갑작스럽게 컨디션이 좋지 않아 예상치 못한 낮은 점수를 받는 일이 벌어지기도 한다. 이럴 경우,

이 학생들은 대학 정시선발을 포기해야 할까? 아니면 재수, 삼수를 감내하며 다시 수능을 준비해야 할까?

수학이 자신 없으면 논술을 준비해라

수험생들 사이에 '수포자'라는 유행어가 있다. '수학을 포기한 자'라는 뜻이다. '수포자'에 해당되는 학생들은 수학에 최소한의 시간만을 투자하거나 아니면 포기한다. 왜냐하면 수학은 시간을 투자한다고 해서 성적이 금방 오르는 과목이 아니기 때문이다. 이 부류의 수험생들은 수학에 투자할 시간을 국어와 영어 공부에 더 배분한다. 이런 전략이 잘 맞아떨어져서 수능에서 수학을 제외하고 다른 과목의 성적은 잘 나왔다고 가정한다면 정시선발에서 어떤 결과가 나올까?

예를 들어 수능에서 국어영역 2등급, 영어영역 1등급, 수학영역 5등급, 사회탐구영역 1등급을 받은 학생이 있다고 하자. 이 학생이 경희대학교 인문계 주요 학과에 합격할 수 있을까? 혹은 한양대학교와 한국외국어대학 주요 학과는?

최근 몇 년간의 입시자료를 보면 위의 수능등급 정도를 받은 학생이 한양대학교나 경희대학교, 한국외국어대학에 합격할 가능성은 거의 없다. 이유는 간단하다. 수학 점수가 낮아서 수능 평균 등급이 떨어지기 때문이다. 서울과 수도권의 상위권 대학들은 대부분 정시선발에서 수능 네 과목을 모두 반영한다. 따라서 수학을 제외하고 세 과목만 반영하지 않는 이상, 수능시험 성적만으로 위 대학들에 합격하기는 힘든 것이다.

학생 입장에서는 이런 평가가 억울하기도 하다. 수학, 딱 한 과목만이 다른 과목에 비해 점수가 낮을 뿐이다. 수학을 못한다고 이 학생이 우수한 능력을 갖추지 못했다고 말할 수 있을까? 이런 학생들은 수학 때문에 상위권 대학 진학을 포기해야 하나? 아니다. 논술시험을 준비하면 이런 상황을 극복하고 상위권 대학에 합격할 가능성이 높다.

2015년도에 중앙대학교에 합격한 혜린이의 사례를 들어본다. 혜린이는 성적이 우수한 편에 속했지만 수학이 걸림돌이었다. 시험을 치면 대부분의 수능 과목은 1~2등급이 나왔지만, 수학은 좀처럼 향상되지 않았다. 수능시험 날짜는 다가오는데 아무리 열심히 해도 수학은 4등급을 왔다 갔다 했다. 실제 수능시험에서 이 정도의 점수가 나오면 정시선발에서 중앙대학교에 합격하기가 어렵다는 걸 혜린이는 잘 알고 있었다.

이윽고 수능시험이 다가왔다. 안타깝게도 혜린이는 2015학년도 수학능력시험에서 평소 모의고사 때보다 더 낮은 점수를 받았다. 국어영역과 영어영역은 각각 2등급, 사회탐구영역은 2.5등급, 수학영역은 4등급이 나온 것이다. 혜린이는 대체 어떻게 해서 중앙대학교 학생이 될 수 있었을까?

바로 논술 때문이었다. 혜린이는 논술을 실낱같은 희망으로 삼고, 고등학교 2학년 때부터 주말마다 공부를 해왔다.

중앙대학교는 2015년에 논술시험에 응시할 수 있는 자격요건으로 수능 최저등급 2등급 두 개를 요구하였다. 이 말의 의미는 국어, 영어, 수학, 사회탐구 중에서 두 과목만 2등급을 받아도 중앙대학교 논술시험을 볼 수 있음을 말한다. 꾸준히 논술 공부를 했던 이 여학생은 40:1이 넘는 경쟁률을

뚫고 중앙대학교에 합격했다. 혜린이가 만약 입시전략을 수능을 통한 정시 선발에만 두었다면 중앙대학교 학생이 될 가능성은 낮았을 것이다.

내신성적 낮으면 더더욱 논술을 준비하라

학생들이 많이 하는 질문이 있다.

"선생님, 저는 내신성적이 낮은데 논술시험으로 합격할 수 있을까요?"

논술시험에 내신을 반영하는 대학들이 있기 때문에 내신성적에 자신 없는 학생들은 당연히 망설이게 된다. 이런 질문을 받으면 다음과 같은 객관적인 사실들을 알려준다.

2015년 한양대학교 논술시험에서 내신 5.6등급의 학생이 합격하였다. 같은 해, 서강대학교는 내신 5.1등급의 학생이 논술로 합격한 기록이 있다. 이화여대와 한국외국어대학교도 내신 5등급 전후의 학생들이 합격했다. 2014년도에는 4.5등급과 4.8등급 성적의 학생들이 고려대 논술시험으로 합격했다.

그런데 그 해 내신 1점 초반의 성적을 가지고도 고려대 논술시험에 불합격한 학생이 다수 있었다. 이런 결과가 나오는 이유는 논술답안 점수의 반영률이 내신성적 반영률보다 훨씬 높기 때문이다.

이 뿐만이 아니다. 내신 5등급으로 중앙대학교에 합격한 학생이 다수 있다. 물론 수능 최저등급이란 기준을 통과했겠지만, 내신의 약점을 보완하고 논술시험 제도의 장점을 살려 효율적으로 입시를 준비했을 것이다.

낮은 내신성적 때문에, 대안을 달라고 하소연하는 학생들에게 "논술을 해봐라"고 답해주면 대부분은 '현실', '객관' 운운하면서 비관적으로 생각한다. 그렇다면, 다시 객관적인 사실을 이야기해준다.

"너는 내신 평균이 4등급 후반이라고 했지? 수시선발에서 군포, 평택 쪽 4년제 사립대는 학생부 종합으로 붙을 가능성이 약간은 있을 거다."

이런 말을 해주면 정신이 번쩍 드는 표정을 짓는다.

반면에 목표의식이 뚜렷한 학생들은 논술을 준비한다. 이들은 논술을 '대안'으로 받아들여 상위권 대학에 진학하고자 평소부터 차근차근 준비한다. 수능시험과 낮은 내신을 논술로 만회할 수 있다는 사실을 알고도 준비하지 않는 것은 대학 입시에서 충분한 기회를 누리지 못하는 것이다.

어둡다고 불평하지 말고 스스로 촛불을 켜라

내신성적이 논술시험에 미치는 영향은 미미하다. 지원하는 대학이 수능 최저등급만 획득하면 경쟁률은 또 떨어진다. 수능 최저등급을 고려하지 않는 대학들도 꽤 있다. 내신성적이 염려되는 학생들은 '앞으로 어찌해야 하나' 하는 걱정과 고민을 하기보다 이를 만회할 수 있는 논술시험을 생각해보길 바란다.

공자는 "어둡다고 불평하는 것보다 작은 촛불 하나라도 켜는 것이 낫다"는 말씀을 남겼다. 이 책을 읽고 있는 학생들에게 똑같은 말을 해주고 싶다. 내신성적이 낮다고 포기하지 말자. 수능모의고사 성적이 부족해도 낙담하지 말자. 단순히 긍정적인 마음 상태를 유지하라는 뜻이 아니다. 논술에서 대안을 찾고, 적극적으로 준비해보자는 뜻이다.

 합격을 위한 한마디

내신성적은 논술시험에서 반영률이 높지 않다. 따라서 논술시험은 자신의 낮은 내신성적을 의식하지 말고 답안 작성에 최선을 다하면 충분히 합격할 수 있는 시험이다.

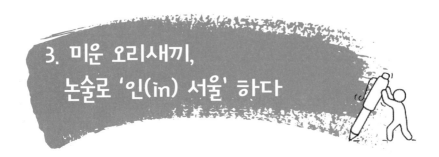

3. 미운 오리새끼,
논술로 '인(in) 서울' 하다

'미운 오리새끼'가 되어버린 수험생 형석이의 비애

2016년 여름방학의 어느 날, 서울 강남구 일원동에 사는 형석이를 만났다. 대화를 해보니 성적 때문에 스트레스를 많이 받고 있었다. 중학교에 입학하고 나서 결석 한 번 없을 만큼 학교생활에 성실했지만, 노력에 비해 성적이 오르지 않았다. 부모님은 방학 때마다 형석이를 경기도의 기숙학원에 보냈다. 하지만 성적은 쉽게 향상되지 않았다. '나는 머리가 나쁜 걸까?' 하고 스스로 자책도 많이 했다고 한다.

형석이가 스트레스를 많이 받는 또 다른 이유는 가족에 대한 미안함 때문이었다. 부모님은 형석이의 교육을 위해 서울 강북에서 강남으로 이사를 한 분들이었다. 가족 모두가 자신의 '대학 합격'을 위해 이사까지 했으니 형석이가 느끼는 부담은 얼마나 심했을까?

모의고사 성적표가 나오는 날이면 형석이는 가족들 사이에서 '미운 오리새끼'가 된 것 같았다고 말했다. 그런데 1년 후 형석이는 가족들 사이에서 '미운 오리새끼'가 아닌 '백조'가 되었다. 입시 스트레스 때문에 방황하던 형석이가 목표를 달성한 방법은 무엇이었을까? 바로 논술이다.

현재 성적으로는 불가능하다?

형석이의 목표는 경희대학교 학생이 되는 것이었다. 정시선발로 경희대학교에 합격하려면 수능 평균 몇 등급을 받아야 할까? 해마다, 학과마다 차이가 있겠지만 수능 평균 상위 1%는 되어야 여유를 가질 수 있다. 연세대를 예로 들면 2015년에 수능으로 합격한 신입생들의 평균 성적은 상위 0.47%였다. 수능 네 과목에서 거의 1등급을 받았다고 생각하면 된다(간혹 2등급이 1개 정도 있는 학생도 있을 것이다).

물론 열심히 공부하면 수능모의고사 실력이 지속적으로 향상된다. 그러나 문제는 수능 성적 상위 1% 범위의 점수를 받기가 굉장히 어렵다는 것이다. 과연 상위 1%의 모의고사 성적을 받는 학생들이 학교마다 몇 명이나 될까? 그 성적에 도달하지 못하면 자기가 원하는 대학에 지원해보지도 못하는 것일까?

그렇지 않다. 논술을 준비하면 된다.

현행 입시제도에서 내신이든, 수능모의고사 성적이든 하위권 학생이 상위권 대학으로 진학할 수 있는 시험은 논술밖에 없다. 예를 들어보자. 성적이 내신 4.5등급, 수능모의고사 평균 4등급인 학생이 있다. 이 학생은 어느 대학에 진학할 수 있을까? 내신을 주로 보는 교과전형에서는 서울이나 수도권 4년제 대학은 합격하기 어려울 것이다. 수능 성적만으로는 수도권의 안양대학교나 성결대학교도 불가능하다.

그러나 이 학생이 논술시험을 본다고 결심한다면 사정은 달라진다. 예컨대 한양대학교, 서울시립대학교, 건국대학교는 최저등급 없이도 얼마든지 논술시험을 칠 수 있다. 단국대학교나 경기대학교, 광운대학교도 마찬가지로 수능 최저등급을 요구하지 않는다.

성적이 좋으면 논술을 잘할 거라는 편견

학교 성적이 우수하면 글쓰기도 잘할까? 잘할 가능성은 높지만, 반드시 잘한다는 등식은 성립되지 않는다. 그 이유는 현재 대한민국 고등학교 교육과정을 보면 답이 나온다. 고등학교에서는 글쓰기 수업이 없다. 학생들이 자신의 의사를 글로 표현하는 방법을 배우는 교과과정은 존재하지 않는다.

물론 일부 특목고에서는 글쓰기 수업이 있겠지만, 대부분 고등학교에서는 '논리적 글쓰기' 수업이 거의 없는 실정이다. 대학에 가서야 글쓰기에 대한 교양수업을 받을 뿐이다.

그러니 대한민국 고등학생이라면 논술시험은 누구나 똑같은 출발선에서 있다고 해도 과언이 아니다. 전교 1등이든 꼴찌든 그 누구에게나 생소하다. 고등학교에서 글을 쓰게 되는 때는 독서감상문 경시대회 정도밖에 없다. 그렇다면 독서감상문을 조금이라도 써봤거나 잘 쓰는 학생은 논술에 유리할까? 일본의 저명한 통합논술 전문가 히구치 유이치는《통합논술 이렇게 써라》에서 다음과 같이 말한다.

　학교에서는 종종 학생들에게 '작문'과 '독서감상문'을 쓰도록 요구한다. 소풍 가서 느낀 점이라든가 여름방학 때 읽은 책의 감상을 쓰라는 식인데, 대부분의 학생들은 이런 글쓰기를 고통스럽게 여긴다. 무엇보다도 '유려한 글을 쓰지 않으면 좋은 점수를 받을 수 없기' 때문이다. 그래서 은연중에 모두가 비슷한 글을 쓰게 되고, 독서감상문이라고 해봐야 그저 줄거리나 대강 정리하고서 '감동했다'든가, '나도 주인공처럼 훌륭한 인물이 되고 싶다'고 덧붙이는 상투적인 글이 되어버린다.

　논술은 감상문 글쓰기가 아니다. 논술은 문제를 통해 제시문을 분석하고 논리적으로 상대방을 설득해야 하는 글쓰기다. 독서감상문이나 시(詩) 짓기 경시대회에서 우수한 성적을 받았다는 사실은 논술 시험에 영향을 미치지 못한다.

　학교 성적이 우수하거나 독서감상문대회에서 입상했다고 하더라도 논술 시험을 잘 치를 수 있다고 보장할 수 없다. 거꾸로 생각하면 내신성적이 낮아도 이를 충분히 만회할 수 있는 것이 바로 논술시험이다.

　그럼 논술로 합격할 가능성이 높은 학생은 누구일까? 논술시험에서 높은 점수를 얻어 합격한 학생들은 고등학교 2학년 때부터 논술 공부를 시작했다. 그리고 논술 공부는 일주일에 한 번, 방과 후 수업을 듣는 경우가 많았다. 논술은 국어, 영어, 수학 공부하듯 매일 엄청난 시간을 투자해야 하는 것은 아니다. 논술도 주요 과목처럼 공부해야 한다면 수능과 내신 준비에도 벅찬 학생에게 또 다른 부담을 주는 셈이다. 그렇게 공부하지 않아도 충분히 준비하고 합격 가능성을 끌어올릴 수 있는 것이 논술이다.

미운 오리새끼, 백조가 되다

좋은 대학을 나와야만 인생을 성공하는 것은 아니다. 성공은 성적순이 아니기 때문이다. 그런데 학교 성적이 떨어지면 '죄'를 지은 것 마냥 자책하는 학생들이 많다. 그런 학생들에게 말해주고 싶다.

"수준 낮은 대한민국의 교육환경은 너희의 책임이 아니다. 그건 우리 어른들의 책임이다."

물론 필자는 이 책에서 대한민국 교육의 문제점을 다루려는 건 아니다. 그저 치열한 대입 경쟁에서, 조금만 준비하면 역전의 기회로 삼을 수 있는 논술시험이라는 것이 있다는 걸 알려주고 싶을 뿐이다. 안데르센의 동화 〈미운 오리새끼〉에 나오는 어린 오리는 자신이 못생긴 줄 아는 가엾은 존재지만, 기나긴 고생 끝에 자신이 백조란 사실을 깨닫게 된다.

명문대를 간다고 오리에서 백조로 변화하는 것이 아니다. 현재 성적에 낙심하거나 포기하지 않고 끝까지 노력하는 태도를 갖춘 사람은 이미 백조가 되어 있는 것이 아닐까? 수능이나 내신성적 때문에 원하는 대학에 진학하기 어렵더라도, 대안을 찾고 노력하는 수험생 또한 오리새끼가 아닌 백조다. 논술은 그 백조가 아름다운 날갯짓을 펼치는 데 중요한 역할을 할 것이다.

합격을 위한 한마디

논술은 부족한 내신성적과 수능 점수를 극복하고, 원하는 대학에 입학할 수 있는 기회를 제공한다.

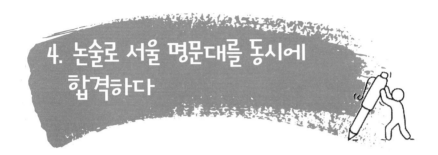

4. 논술로 서울 명문대를 동시에 합격하다

합격을 '거저먹을 수 있었던' 비밀

수능시험에서 높은 점수를 받아 서울의 유명 대학에 다니고 있는 A라는 학생이 있다. 분명한 것은 A가 다니는 대학과 학과의 10% 정도는 수능성적이 A보다 훨씬 낮은 학생들이 논술시험에서 높은 점수를 얻은 덕에 입시에 합격해서 다니고 있다. 다음은 공부방에서 논술로 중앙대학교에 합격한 학생 B가 친구 A와 실제로 대화한 내용이다.

A: 너는 어떻게 중앙대학교 유럽문화학부에 합격했냐?

B: 나? 논술. 넌 정시로 왔지? 수능은 대략 몇 점 받았니?

A: 375점(400점 만점 기준). 너는?

B: 난 논술시험 최저만 넘겼어. 하하, 괜히 미안해지네.

A: 내신은?

B: 3.5 정도? 너는?

A: 1.5……, 너 학교 거저먹었구나?(쉽게 합격했다는 뜻)

B: 그런가? 하하.

위의 대화내용에 따르면 논술로 고려대에 합격한 다음 이야기의 주인공인 우람이도 대학을 '거저먹은' 경우다. 2015년도 이화여대와 고려대는 논술시험 날짜가 같았다. 지원자는 마음만 먹으면 하루에 두 대학의 논술시험을 모두 볼 수 있었다. 같은 날이지만, 양 대학의 시험시간의 간격이 커서 오전에 고려대 시험을 보고 이동해서 오후에 이화여대 논술시험을 볼 수 있었다.

우람이는 두 대학에 모두 합격했다. 그해 우람이의 수능시험 성적은 고려대를 지원하기 민망할 정도였지만, 이 대학의 논술시험을 칠 수 있는 최저등급을 가까스로 획득했다. 수험생이 논술시험에서 요구하는 최저등급을 얻으면, 대학은 그 학생이 대학에서 공부할 기본적인 역량은 갖췄다고 판단하는 듯하다. 그러므로 전교1등이든 100등이든, 최저등급을 얻으면 논술시험에서는 '비슷한 출발선'에 서 있게 된다.

내신 불량 수험생, 고려대에 합격하다

우람이는 동아리에서 토론을 즐겨 했고, 선생님들에게 당돌한 질문을 던지기로 유명한 학생이었다. 무작정 암기를 해야 하는 과목은 따분해했고, 싫어하는 과목 수업시간에는 졸기 일쑤였다. 하지만 우람이는 수학과 경제에서 집중력을 발휘했다. 경제를 좋아해서 《죽은 경제학자의 살아있는 아이디어》라는 책을 10번 이상 읽을 정도였다.

보람이가 경제 과목을 좋아하는 것처럼, 고등학생은 좋아하는 수업과목이 1~2개 정도는 있기 마련이다. 자신이 좋아하는 과목이 있다면 즐겁게 공부해두자. 대한민국 논술문제는 여러 과목들이 '통합'된 형태로 구성되기 때문에, 교과서의 어느 부분이 어떤 방식으로 출제될지 모른다. 즐겁게, 깊이 공부한 부분들이 출제될 가능성도 있다.

"선생님 저는 내신이 3.8등급쯤 되는데 수시에서 원서나 써볼 수 있을까요?"

처음 만났을 때 우람이가 필자에게 조심스럽게 물었다. 수능모의고사 성적을 보니, 주요 대학 논술시험의 최저등급을 충분히 넘을 수 있었다.

"다른 건 잘 모르겠고 이화여대, 중앙대학교 상경계열이나 고려대 논술시험을 쳐봐. 너, 경제와 수학에 관심이 많지? 그 대학 논술시험에는 수리문제가 곁들여 출제되니까 너한테 유리할지도 몰라."

"고려대요? 생각해본 적도 없어요. 인문 계열인데 수학(리)문제가 출제되나요?"

예상 밖의 대답이 나오자 우람이의 눈이 동그래졌다.

"수리문제라고 하지만 중학교나 고등학교 1학년 정도 수준에서 출제되니까 걱정하지 마. 이화여대에 원서를 써도 좋을 것 같다. 여학생들끼리 경쟁하는 거니까 해볼 만할 거야."

"몰랐어요! 내신이 나빠서 수능에 올인해서 정시선발만 생각하고 있었는데…… 이런 방법이 있었네요. 수학에 자신 있으니까 저랑 잘 맞을 것 같아요."

우람이는 고등학교 2학년 겨울방학 때 논술시험으로 입시를 준비해야겠다고 결심했다. 그 이후 수능과 논술에 집중했다. 그런데 우람이는 논술을 공부하면서 수능 성적에도 좋은 영향을 주었다. 수능 최저등급을 안전하게 확보하기 위해 더 열심히 수능공부에 박차를 가했고, 결국 고려대 학생이 되었다. 내신 3.8등급에 수능성적도 논술시험에 지원할 수 있는 최저등급을 획득한 수준이었지만, 논술시험에서 높은 점수를 받아 고려대 학생이 된 것이다. 반면 우람이가 다니던 학교의 내신 전교1등 학생은 성균관대에 학생부종합전형으로 진학했다.

지역 인재들을 찾는 국립대학교, 누군가는 논술로 합격한다

고등학생들 중 누군가는 논술시험제도를 활용해서 목표를 '쉽게' 달성한다. 지방에서도 매주 논술수업을 진행하는 고등학교들이 있다. 필자는 서울을 포함해서 포항, 광주, 안성, 부산, 대구 등에서 매주 4회 정도 논술 수업을 한다. 지방에서 수업을 하면 한 학년에서 보통 30명 정도가 참석한다. 고등학교 인문계 한 학년 총 인원을 300으로 잡으면 10% 이내의 학생만이 논술시험을 준비한다는 뜻이다. 서울을 제외하고는 호남이든, 영남이든 논술 수업을 듣는 학생의 비율은 이상하게도 비슷비슷했다.

그렇다면 국립대학교의 논술시험의 경쟁률은 어느 정도 될까? 경북대학교의 사례를 살펴보자. 경북대학교에서는 AAT(엄밀히 말하면 논술시험은 아니지만 주관식 시험이다)로 신입생을 선발하기도 한다. 이 대학의 지리적 특성상 대구를 중심으로 포항, 울산, 경주 등 가까운 지역의 인재들이 지원하려 할 것이다.

충남이나 충북의 대학을 진학하려는 고등학생들이 경북대학교 AAT 시험을 보려고 할까? 그 지방의 학생들은 충남대학교나 충북대학교를 지원하려 하지, 논술시험을 보기 위해 경북대학교를 지원할 확률은 낮다. 전남, 전북에서 고등학교를 다니는 학생들도, 부산이나 경남에서 고등학교를 다니는 학생들도 비슷할 것이다.

실제로 필자는 4년째 포항의 한 고등학교에서 고3 수험생에게 논술을 지도했는데, 평균 25명 정도 됐고, 그중 경북대학교의 AAT를 준비하는 학생은 10명 내외였다. 이러한 상황을 추측해보면 대구를 중심으로 인근 지역까지 확대해 봐도 경북대학교의 AAT를 준비하는 학생들의 경쟁률이 서울과 수도권 대학의 논술시험에 비해 높지 않다는 것을 짐작할 수 있다.

게다가 경북대학교의 AAT 시험에 응시하려면 수능 최저등급을 획득해야 한다. 이러한 조건까지 갖추지 못한 학생들은 응시조차 할 수 없기에 경쟁률은 더욱 낮아진다. 지역 인재들을 유치하려고 하기 때문에 국립대학교는 수능 최저등급만 획득하면 논술시험으로 충분히 도전해볼 만하다(현재는 국립대학교 중에서는 부산대학교와 경북대학교만 논술 전형이 있다. 경북대학교 AAT도 400자 정도의 글을 적는 문제가 출제되니까 논술로 생각하자).

이런 이야기를 해줘도 "정말요?", "에이, 설마요?" 하는 학생들이 많다. 하지만 눈치 빠른 학생은 곧바로 논술시험을 준비한다.

최고의 플랜B, 논술을 잡아라

우람이는 글쓰기에 타고난 재능이 있어서 논술시험을 잘 본 것이 아니다. 곁에서 지켜보니 입시에서 불리한 내신성적을 논술로 어떻게든 극복하겠다는 의지가 대단했다. 그 굳은 마음이 논술시험까지 이어진 것이다. 대입을 준비하는 수험생은 '플랜B'를 준비해야 한다.

흔히 입시를 전쟁터에 비유한다. 전쟁터에서 적과 싸우는데, 칼날이 부서지면 창을 뽑아 싸워야 하고, 창이 없으면 화살을 꺼내 시위라도 당겨야 한다. 그렇지 않으면 자기 목숨이 위태로워진다. 수능시험이나 내신성적에만 모든 노력을 쏟아 붓지 말고, 틈틈이 논술이나 자기소개서를 준비하는 플랜B도 준비해 놓아야 입시에서 살아남을 수 있다.

 합격을 위한 한마디

수능시험이 끝나고 나면 최저등급을 얻지 못해 탈락하는 논술 지원자들이 의외로 많다. 따라서 수능 최저등급을 요구하는 학교의 지원자는 그 수능 등급을 획득하는데 힘을 기울여야 한다.

5. 이화여대 합격에는 7번 수업만으로 충분했다

열흘 만으로 대입논술을 마스터한다?

2015년도 수학능력시험이 끝나고, 선진이는 어머니와 함께 공부방으로 필자를 찾아왔다. 선진이는 이화여대에 진학하기를 바랐는데, 사실 그 바람을 이룰 수 있을지는 불투명했다. 왜냐하면 선진이는 논술을 공부해본 적도 없고, 논술시험까지 시간이 얼마 남아 있지 않았기 때문이다. 실낱같은 희망이 하나 있다면 수능시험을 가채점해보니 논술시험에 응시할 수 있는 최저등급은 획득할 수 있을 것 같았다.

선진이에게 논술을 가르치며 이화여대에 합격시키는 일은 필자에게도 새로운 도전과 같았다. 열심히 가르치기는 했지만 솔직히 '몇 번 가르친다고 해서 대입 논술시험을 잘 치를 수 있을까?' 하는 의문을 머릿속에서 지울 수 없었다. 하지만 '논술은 종합적인 사고능력을 평가하는 데 초점을 둔다. 이미 학생이 갖추고 있는 사고력을 글쓰기 연습으로 끄집어내면 된다'는 소신이 있었기에 긍정적인 마음으로 도전해보기로 했다.

걱정을 확신으로 뒤바꿔놓은 재첨삭과 재재첨삭

이화여자대학교 논술시험까지는 강행군이 필요했다. 오전 10시부터 논술 답안을 한 번 쓴 후 강평을 듣고 첨삭을 받았다. 집으로 돌아가서 첨삭받은 것을 다시 써보고(재첨삭), 첨삭 받은 답안을 다시 써보았다(재재첨삭). 하루를 논술로 시작해서 논술로 끝냈다.

처음 선진이가 쓴 답안을 보았을 때 무척 당황했다. 논술을 마치 수필이나 일기 쓰듯이 작성했다. 걱정이 먼저 앞섰다.

'역시 아무리 몰입해서 공부하더라도, 열흘은 무리일까?'

이왕 마음먹고 시작했으니 끝을 보자고 다짐했다. 하지만 두 번째 답안도 참으로 가관이었다. 문장 대부분이 주어와 술어가 호응되지 않았고, 한 단락이 아주 긴 문장 하나로 구성되어 있기도 했다.

하지만 가능성이 보였다. 선진이의 답안을 첨삭하고, 재첨삭을 하고, 재재첨삭을 할 때쯤 답안은 출제교수가 해설에서 강조한 모범답안에 상당히 근접해 있었다.

선진이는 일곱 번 수업을 받았는데, 일곱 번 논술 답안을 작성한 것은 아니다. 재첨삭과 재재첨삭을 하면서 기출문제 하나당 세 번씩 답안을 작성했다. 그렇게 계산하면 총 스물한 번 정도 답안을 작성한 것이다. 그 정도로 작성했다면 평소 논술을 준비한 학생과 비교해서 공부 양이 어느 정도 될까? 논술수업을 일주일에 한 번 듣는다고 가정하면, 5~6개월 정도 준비했다고 할 수 있다. 즉 선진이는 5~6개월의 논술 분량을 일곱 번으로 '압축수업'을 받는 동안 소화해낸 것이다.

그렇다면 선진이처럼 논술답안을 하루에 세 번씩 7일 동안 작성하는 것은 너무 무리하고 너무 특별한 일은 아닐까? 절대 그렇지 않다. 고3 수험생들은 보통 아침 9시 이전에 학교에 갔다가 밤 10시가 넘어서 집으로 돌아온다. 교과수업뿐 아니라 야간자율학습, 동아리 활동, 학원수업, 인터넷강의까지 챙겨 들으며 정신없는 하루를 보낸다. 수능시험 전까지 매일매일 그런 노력을 쌓아왔다. 그런데 수능시험이 끝나고 7~10일을 논술에 투자 못할 이유가 있을까? 수능시험이 끝나면 고3에게는 사실상 '자유로운 시간'이 주어진다. 그런 자유를 만끽하는 것도 한계가 있다. 일주일 정도 그 상태가 지속되면 뭘 해야 할지 몰라 방황한다. 논술시험을 지원한 학생이라면 밀도 있게 시간을 보내며 입시에서 경쟁력을 하나 더 확실히 쌓아나갈 수 있다.

논제를 분석하고, 빠른 시간 안에 도표로 정리하라

논술 답안 작성을 어려워하는 학생들이 많다. 그 이유는 제시문을 빨리 정리하지 못하기 때문이다. 정리하지 못했다는 것은 제대로 이해하지 못했다는 의미이다. 사람의 기억력은 쉽게 믿을 것이 못된다. 논술은 제시문의 내용을 정리한 다음 답안을 작성해야 한다. 문제와 제시문을 대강 훑어보고 글을 써내려 가면 논점과 무관한 내용으로 서술이 흘러갈 수 있다.

선진이는 논술 공부를 할 때 시험지 여백에 표를 작성하는 방법을 활용했다. 표에는 쟁점과 논점에 대해 핵심을 간결하게 정리해놓고, 주제와 대립구도, 나아가 제시문 사이의 관계에 대해서도 표시를 해놓았다.

대한민국 대입 논술시험은 수학문제처럼 조건들이 결합되어 문제가 구성된다. 때문에 논점들에 대한 핵심내용을 일목요연하게 정리해서 답안을 구성하면 글을 쓰기가 쉽다. 그러나 제한된 시간을 의식한 나머지, 어떤 메모나 정리도 없이 답안을 작성하려고 하면 오히려 시간이 부족하다.

선진이는 이 사실을 잘 알고 있었다. 처음에는 논제와 제시문을 읽고 표를 만드는 데만 시험 제한시간을 다 쓴 적도 있었다. 그러나 횟수를 거듭할수록, 선진이의 표를 작성하는 시간은 짧아졌고 답안의 완성도는 높아졌다.

여학생은 여자대학교 논술에 적극 지원하라

이화여자대학교 논술시험 전날, 선진이에게 자신감을 주기 위해 다음과 같은 이야기를 해주었다.

"여자대학 논술시험은 여학생들만 지원할 수 있다. 실력 있는 남학생들이 논술시험에 오지 않는다고 생각해봐라. 해볼 만한 시험인 거야. 수능시험 가채점한 걸 보면 넌 수능 최저등급은 충분히 획득할 것 같고, 여학생들이 지원하지 않는 상경계열에 지원했으니까 경쟁률은 더 떨어질 거야. 모든 상황이 너한테 유리하다. 자신감을 가져라."

결과는 어떻게 됐을까? 선진이는 이화여대 경제학과에 당당히 합격했다.

논술시험을 준비한다고 해서 뭔가 대단한 걸 해야 하는 건 아니다. 대한민국 고등학생이라면 누구나 할 수 있고, 마음만 먹으면 한번쯤은 해볼 만한 시험이 논술이다. 수능시험이나 내신성적은 학생들의 우열을 명확하게 선을 긋고 결정해 버린다. 하지만 논술은 다르다. 어떤 학생이 다른 학생에 비해 '얼마나', '어떻게' 잘 쓰는지 답안을 쓰기 전에는 객관적으로 확인할 방법과 자료가 없다.

단기간에도 논술시험으로 합격이 가능한 이유

필자가 가르치는 실력이 뛰어나서 선진이가 이화여대에 합격한 것은 아니다. 선진이는 실전같이 써보고, 첨삭 받고, 잘못 쓴 부분을 교정 받고, 또 교정 받은 부분을 따로 노트에 모아 반복적으로 공부했다. 스스로의 의지와 노력이 뒷받침되어 있다.

대학이 논술시험으로 학생을 선발하려는 이유는 무엇일까? 바로 제시문에서 출제 의도를 찾아내는 독해력, 예리한 눈으로 상황을 읽고 자료를 선별할 줄 아는 비판력과 분석력, 주제에 대해 자신의 견해를 표현할 줄 아는 논리력을 지닌 학생을 찾고 싶은 것이다. 사실 이러한 능력은 대다수 학생들에게 비슷한 수준으로 내재(內在)되어 있다. 하지만 이러한 능력은 학원 같은 곳에서 단기에 배울 수 있는 것이 아니다. 그렇지만 선진이 경우처럼 집중적인 논리적인 글쓰기 연습을 통해서 그 내재된 능력을 끄집어낼 수도 있다. 하려는 의지와 선택의 문제다.

합격을 위한 한마디

논술은 수능시험이 끝나고 시작해도 어느 정도 준비가 가능하다. 그렇다면 고등학교 저학년 때부터 틈틈이, 꾸준하게 논술을 준비한다면 합격할 가능성은 더욱 높아질 것이다.

6. 예체능 지망생, 논술 6개월에 성신여대 법학과 합격하다

논술공부는 결국 의지와 태도

"선생님 합격했어요! 감사합니다. 다 선생님 덕분입니다."

"아니야, 네가 열심히 한 덕분이다. 정말 축하한다."

주현이는 고등학교 3학년 학기 초반까지만 해도 실용음악을 전공하려고 했던 학생이었다. 실용음악과의 대입경쟁률은 서울, 수도권에 있는 대학은 평균 70대 1 이상이다. 경쟁률도 문제지만, 주현이는 전문연주자가 되는 미래에 대해 회의를 품고 있었기에 필자는 적성검사를 받아보라고 권유했다. 그 결과 본인이 하고 싶었던 법학과 적성이 나오자 입시방향과 전략은 급변했다.

주현이를 처음 만난 시점은 3학년 4월, 논술시험 전형까지 실질적으로

6개월이 남아 있었다. 목표로 삼은 성신여대는 논술시험 지원 자격으로 수능 최저등급을 요구하고 있었다. 주현이는 수능대비에 집중하면서 토요일과 일요일에 실전 같이 논술첨삭을 받고, 수능시험이 끝나고 시험 직전까지 하루 3회 분량의 논술답안을 작성했다.

이전까지 주현이는 '논술'이란 그저 책 많이 읽고, 공부 잘하는 친구들이 치는 시험이라고 생각했다. 매일 실기 연습에 매달리며 수능시험과 내신에 신경을 쓰고 있을 뿐이었다. 그랬기에 논술시험을 통해 성신여대 법학과 학생이 될 거라고는 본인도 친구들도 상상해보지 못했던 일이었다고 한다.

논술 준비는 일단 공부 범위를 최대한 압축했다. 성신여대와 동덕여대의 기출문제와 모의고사 3년치 분량을 모아 답안을 작성하는 일을 반복했다. 처음엔 형편없는 답안을 제출했지만, 횟수를 거듭할수록 실력이 느는 것이 눈에 보였다. 처음부터 논술을 잘 쓰는 학생은 없다. 짧은 기간이지만, 반복해서 연습하면 실력은 늘게 된다.

주현이는 첨삭한 답안을 그냥 훑어보지 않았다. 수정한 부분을 꼼꼼히 체크한 다음 대학에서 제공한 해설과 비교해서 따로 노트에다 적었다. 일명 '논술약점노트'였다. 그런 다음, 첨삭 받은 내용을 토대로 다시 써보았다. 그 답안 원고지를 들고 와서 또 첨삭을 받았다. 논술시험은 문제를 많이 다루는 것보다 하나라도 완벽하게 답안을 작성하는 게 중요하다. 주현이는 이런 논술공부를 주말마다 반복했다.

논술시험을 준비하기엔 때가 늦었다고 생각하는 학생들이 많다. 결코 늦지 않았다. 늦었다고 생각하면 일주일에 하루 혹은 이틀, 네 시간 정도 투자해보라. 그 정도 시간의 투자로 나의 미래를 바꿀 수 있다면 한 번 해봐야 되지 않을까?

논술을 준비하면 수능에 대한 집중력이 더 생긴다

주현이는 수능 최저등급을 확보하기 위해 필사적으로 노력했다. 수능 최저등급을 확보하면 논술시험을 치르고 합격할 수 있는 확률이 높다는 걸 알고 있었다. 물론 연세대 같은 최상위권 대학의 논술시험에서는 지원자들 다수가 최저등급을 확보하기 때문에 수능 최저등급은 당락에 큰 변수가 되지 못한다. 그러나 중상위권 대학들은 수능 최저등급을 확보하면 논술시험에서 경쟁률이 많이 줄어든다. 수능 최저등급을 획득하지 못하면 논술시험에 응시할 수 없기 때문이다.

주현이는 논술을 공부하다 보니 다른 과목에도 더 관심이 생겼다고 말했다. 교과서나 EBS교재를 읽다가도 논술 문제에 이 내용이 출제될지도 모른다는 생각이 들면서 공부에 집중력이 더 높아졌다고 했다. 학교 수업, 교과 과목, 논술 공부가 따로 있는 것이 아니라 모든 수업과 공부가 논술 공부가 된 것이다.

연세대 출제 교수는 2017년도 인문계 논술 모의고사 해설에서 다음과 같이 말했다.

제시문 (가)는 고등학교 《문학》 교과서에 실린 이청준의 작품 〈줄〉에서 일부분을 직접 발췌한 것이다. 제시문 (나)는 고등학교 《철학》 교과서의 '미학과 예술' 관련 부분에서 다루어지는 내용이다. 제시문 (다)는 고등학교《음악과 생활》교과서의 '서양음악사' 부분에서 다루는 모차르트의 유명한 전기를 사회학적 관점에서 서술한 내용이다. 제시문 (라)는 평균값의 누적적 변화를 집단별로 나누어 제시하는 그래프이다. 이것은 그래프 상의 두 축의 관계가 집단별로 어떻게 달라지는지 비교하고 그 의미를 이해할 수 있는 능력을 측정하는 데 초점을 맞춘 것이다. 따라서 고등학교 교과과정을 정상적으로 이수한 학생이라면 모든 제시문을 이해하고 문제에 답하는 데 큰 어려움이 없을 것이다.

교과서에서 논술문제의 제시문이 발췌되었고, 제시문은 특정 과목에 편중되어 있지 않고, '음악과 생활', '철학', '문학', '화법과 작문' 등에서 고르게 발췌되었다. 논술시험에 응시하기 위해서는 논술 공부는 물론 수능 최저 등급을 획득하기 위해 수능에도 집중력을 갖고 공부하게 된다. 논술 문제는 수능 국어, 사회 과목 기출문제나 교과서, EBS교재에서도 출제된다. 논술과 학교수업, 수능은 별개가 아니라 상호 순환의 구조를 이루고 있는 셈이다.

 합격을 위한 한마디

대한민국의 고등학생 대부분은 수능시험까지 성실히 달아왔다. 따라서 수능시험을 마치고 진학하고 싶은 대학에 입학하기 위해 2~3주 정도 논술에 더 투자하는 것이 그리 힘든 일은 아닐 것이다.

Chapter 2

합격을 결정하는 논술,
그런데 어떻게 쓰지?

1. 논술은 쉽다

1808년 나폴레옹 황제 때부터 시작된 프랑스 바칼로레아 시험은 철학, 사회, 문화, 경제, 정치 등 다양한 분야의 문제가 논술 형태로 출제된다. 바칼로레아 문제들은 프랑스 시민들에게 초미의 관심사인데, 그 중에서 최고의 관심은 철학문제이다.

'행복해지기 위해서 무슨 일이든 해야 하는가?' 라는 논제가 바칼로레아 시험에 출제된 적이 있다. 그런데 대한민국의 수험생들은 이런 문제를 받아들면 막막함에 망연자실하고 앉아있을지도 모른다. 능력이 부족해서가 아니라 우리나라와 프랑스 학생들의 수업방식과 문화의 차이 때문에 그렇다. 프랑스 학생들은 어릴 때부터 인문고전 독서를 하고 에세이(essay)를 쓰며 토론하는 교육체계에서 성장한다. 이런 바탕에서 프랑스의 대입자격고사인 바칼로레아 시험을 치른다. 또 다른 바칼로레아 문제를 보자. '스스로

의식하지 못하는 행복은 가능한가?', '정의를 위해 폭력은 정당화 되는가?'
등의 문제가 있었다. 역시 풀어내기가 만만찮다.

대한민국 논술문제는 어떤 유형인가?

수능을 앞 둔 우리나라 고등학생들이 프랑스 학생들처럼 인문교양, 철학
독서를 위해 따로 시간을 낸다는 것은 사실 힘들거니와, 학교 수업에서도
글쓰기와 관련된 것은 찾아볼 수 없다. 글쓰기 과목은 대학에 진학하고 나
서야 교양 수업에서 겨우 찾아볼 수 있을 정도다. 그렇기 때문에 '행복해지
기 위해서 무슨 일이든 해야 하는가?' 라는 바칼로레아식의 문제는 우리나
라 고등학생들이 풀기도 어렵고, 대학의 입장에서도 출제하기 어렵다. 따
라서 대한민국 논술 시험은 '논점들이 결합된 문제'와 '제시문'이라는 자료
로 구성되어 출제된다. 논점이라는 요구조건과 제시문을 통해 답안이 출제
자의 의도에서 일탈되지 않도록 방향을 설정하고 있는 것이다. 다음 동국
대학교 2016년 모의고사 [문제3]을 보면 쉽게 확인할 수 있다.

2016년 동국대학교 모의고사

[문제3] 제시문 [가]~[다]를 바탕으로 영화 '명량'의 허구성을 추론하여 기술하고,
(쉼표까지에서 일단 끊는다) / [라], [마]를 참조하여 역사적 사실을 바탕으로 한
영화의 허구적 표현에 대한 수용 태도에 대하여 논하시오. 〈18~20줄(540~600
자)〉[40점]

[가] 관객 동원 신기록을 세운 영화 '명량'에서 배설(裵楔)은 이순신의 캐릭터와 철저히 대척점에 자리한 악인으로 등장한다. 배설은 이순신을 암살하려는가 하면 거북선을 불태우고 혼자 쪽배를 타고 도망치다 화살에 맞아 죽는 것으로 나온다. 감독을 비롯한 제작 관계자들을 명예훼손으로 고소한 경주 배씨 문중의 당황스러움은 이해가 가고도 남는다.

– 서울신문(2014.9.17.)

[나] 일본의 도요토미 히데요시가 조선에 대한 침략을 감행하였다. 관군이 전쟁 초반에 계속 패하면서 서울과 평양을 빼앗기자 선조는 의주로 피난하였다. 그러나 육지와는 달리 이순신이 이끄는 수군은 옥포에서 첫 승리를 거둔 이후 일본 수군에게 연승을 거두었다.

(중략)

3년에 걸친 휴전 협정이 결렬되자 일본이 다시 침략하였다(정유재란, 1597). 이에 육지에서는 조선군이 명군과 연합하여 직산에서 적의 북상을 막고(직산전투), 바다에서는 이순신이 명량에서 일본 수군을 격퇴하였다(명량대첩). 결국 승산이 없다고 판단한 일본군은 도요토미 히데요시가 병사하자 서둘러 본국으로 철수했고, 7년에 걸친 전쟁은 막을 내렸다.

–《고등학교 한국사》

[다] "지금 신에게는 아직 열두 척의 전선이 있습니다. …… 전선의 수가 비록 적으나 신이 죽지 않는 한 왜적은 감히 우리를 업신여기지 못할 것입니다."

〈장면전환〉

상(선조)이 이르기를, "부하에 발탁할 만 한 자는 없는가?"

유성룡이 아뢰기를, "배설(裵楔)도 우도 병사(右道兵使)로 삼을 만합니다."

(중략)

비변사가 아뢰기를, "수사(水使) 배설이 주사(舟師)의 차장(次將)으로 주장(主將)을 구원하지 않고 도망쳤으며 이제 또 주장의 명령을 어기고 어둠을 틈타 도망쳤으니, 정상이 지극히 미워할 만하여 율에 처치하지 않을 수 없습니다."

〈장면전환〉

후에 병참(兵參) 배설에게 병조판서가 증직(贈職)되었다.

−《난중일기》,《선조실록》,《승정원일기》

[라] 역사 서적을 읽을 때는 관심 있는 사건이나 시대에 대해 두 권 이상의 책을 읽도록 한다. 모든 역사가는 특정한 관점에서 역사를 서술하기 때문에 한 가지 사관으로만 사건이나 시대를 이해하는 것은 오해의 위험이 있기 때문이다.

또한 어떤 주제를 어떤 방식으로 다루고 있는지 비판적 관점에서 읽도록 한다. 그 책에서 다루고 있는 것과 그렇지 않은 것을 정확히 파악하고 저자가 가장 중요하게 다루고 있는 것은 무엇인지, 신뢰할 만한 자료에 기대어 사실적으로 잘 다루고 있는지 등에 대해 잘 판단하고 평가하면서 읽어야 한다.

−《고등학교 독서와 문법》

[마] 일상생활과 역사 해석은 시간이 흐를수록, 한국사회의 변화가 가속화될수록 거리가 더욱 멀어졌다. 학교에서 배운 역사 지식은 사람들의 생각을 창조적으로 변화시키지 못하고 시험용으로 전락했다. 이제 역사에서 지혜를 얻으려는 사람은 보기 드물게 되었다. 이 틈에 TV 사극은 사람들의 안방을 차지하고, 나아가 역사에서 무엇인가를 찾으려는 사람들의 의식에 깊이 자리하게 되었다. TV 사극이 끊임없이 제작되고 방영되는 것은 그에 대한 수요가 꾸준히 존재하기 때문이다. 그런데 문제는 사극에서 재현되는 '역사'를 많은 사람들이 실제 사실로 받아들인다는 데 있다.

– 정두희,《장희빈, 사극의 배반》

위 [가], [나], [다], [라], [마]를 제시문이라고 하는데, 논술 시험을 위해 대학에서 제시한 일종의 자료다. 그리고 문제는 '논제'라고도 하는데, 이때 [문제 3]이란 논제는 다음과 같이 크게 두 가지 요구사항, 즉 요구조건으로 구성된다. 이 논제는 '~기술하고' 다음 쉼표가 있다. 쉼표를 기준으로 해서 출제자의 요구사항(쟁점)이 달라짐이 확인된다. 시험장에서는 문제에다 바로 '슬러시(/)'표시를 하면 눈에 보이기 쉽겠다. 위 [문제 3]에서 출제자가 요구하는 조건은 크게 두 가지다.

1. 제시문 [가]~[다]를 바탕으로 영화 '명량'의 허구성을 추론하여 기술하라.

2. [라], [마]를 참조하여 역사적 사실을 바탕으로 한 영화의 허구적 표현
   에 대한 수용 태도에 대하여 논하라.

어떤 논술 강사는 제시문과 논제가 결합된 이런 유형을 수준 낮다고 말
하기도 하던데, 필자는 생각이 다르다. 우리는 수많은 자료의 홍수 속에 살
아간다. 그리고 많은 문제의 발생과 해결의 과정 속에서 살아가고 있다. 그
속에서 쟁점을 도출하고, 해결의 실마리가 되는 정보를 빠르게 발췌한 다
음, 그 내용들을 종합하여 해결방법을 추론하는 것도 일종의 '능력'이라고
생각한다. 그러므로 한정된 시간 안에 '제시문'이라는 자료에서 문제의 요
구사항에 맞는 핵심적인 정보를 추려 글을 쓰는 것도 대단한 능력이다. 나
아가 위 문제는 600자 이내의 답안을 요구하므로, 수험생은 논점에 대해 핵
심적인 답을 한다는 느낌으로 글을 써야할 것이다. 그렇다면, 출제자의 요
구사항을 더 압축해보자. 결국 출제자는 무엇에 대해 수험생들이 답하길
원하는가?

1. 영화 '명량'의 허구성을 추론
2. 역사적 사실을 바탕으로 한 영화의 허구적 표현에 대한 수용태도

위 2가지처럼 압축할 수 있을 것이다. 앞으로 이것을 '쟁점'이라고 부르
자. '쟁점'이란 서로 다투는 중심이 되는 내용을 말한다. 예를 들어 솔로몬
의 재판에서 두 어머니는 한 아기를 서로 자신의 아이라고 우기는데, 이때
쟁점은 '그 아이가 어느 여인의 아이인가?'이다. 이 책에서는 '다툴' 내용과

'다룰' 내용 모두 '쟁점'이라고 부르겠다.

　위에서 살펴본 것처럼, 대한민국 논술은 자료와 함께 구체적으로 문제가 주어진다. 논술의 문제가 '쟁점'들로 구성되는 것은, 수학문제에서 '조건'이 주어진 것과 비슷하다. 따라서 자기가 알고 있는 배경지식을 바탕으로 시험을 치는 바칼로레아 문제보다 풀기가 쉽다.

 합격을 위한 한마디

> 논술은 논제를 잘게 분석하고, 나눠진 논제가 요구하는 사항에 대해 답(결론)을 찾다보면 실마리가 보인다.

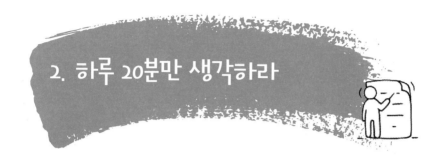

2. 하루 20분만 생각하라

강남 대치동의 유명한 수학 강사가 말했다.

"최 선생님! 수학성적이 안 오르는 학생들의 특징이 뭔지 아세요?"

"뭔데요?"

"문제가 좀 어렵다고 생각되면, LTE 통신망 속도로 답을 펴본답니다!"

처음 논술하는 학생들도 마찬가지다.

논술은 '생각'을 좀 해야 한다. 수능 과목이나 내신공부에 많은 시간을 투자하고, 매일 자투리 20~30분 정도만 논술에 투자하라. 매일 20~30분 정도 논술문제와 제시문을 놓고 고민하고, 주말에 1~2회 정도 답안쓰기를 하면 충분하다. 어떤 공부든 '생각하는 힘'이 중요하다. 논술 기출문제를 출력해 보면서 등하교길 교통수단 안이나 자투리 시간에 생각하되, 머릿속으로 쟁점과 제시문들의 논지들을 종합하여 출제자의 의도가 파악될 때까지 생각하고 또 생각해야 한다. 이것이 핵심이다. 잘 이해가 되지 않는다고 해서 성급하게 해설을 펼쳐서는 안 된다. 쟁점에 대해 어느 정도 머릿속으로 답을 할 수 있을 정도가 되면 해설을 펼쳐보는 것이다.

기출문제로 하루 20분만 생각하라

대학 홈페이지 자료실에 들어가 보자. 그곳에는 이미 출제된 최근의 논술 문제와 해설이 정리되어 있을 것이다. 최근의 문제부터 출력하되, 이때 해설도 같이 출력한다. 그런 다음 문제와 해설을 들고 다니면서 자주 보자. 조급하게 원고지에 답안을 쓸 생각을 하지 말고 제시문을 보면서 머릿속으로 '논제의 요구사항'에 대해 '답'을 하는 연습을 한다.

논술은 '글쓰기'다. 그런데, 무작정 쓴다고 해서 논술이 되지 않는다. 제시문과 논제를 충분히 분석하고 그 다음에 써야 한다. 따라서 논술 문제를 가지고 매일 20~30분 정도 '생각하는 연습'을 하면 효과가 크다.

"선생님, 저는 지하철이나 버스에서 논술을 공부하면 더 잘 집중되는 것 같아요." 라고 말하는 학생들이 많았다. 구양수라는 대문장가가 언급한 독서 방법 중에 마상(馬想)이 있다. 학습한 내용을 말을 타고 가면서도 끊임없이 떠올리는 공부법인데, 오늘날에는 대중 교통수단으로 이동 할 때도 공부한다면 그 의미에 부합할 것이다. 이때 중요한 것은 머릿속으로 논제를 통해 각 제시문들의 내용들이 서로 연결될 때까지 해설을 보지 않고 '생각' 해야 한다는 점이다. 논제와 제시문에 대해 끊임없이 생각하고 또 고민해야 한다.

생각을 깊이 하는 일에 직면하면 그때부터 머리를 아파해하는 학생들이 있다. 생각해보자. 수학문제는 죽어라고 풀면서, 논술 문제 생각할 때는 머리가 아픈가? 논술문제 전체가 영어로 적혀있지도 않고 수와 기호로 구성되어 있지도 않다. 또한 '생각'해보라는 말은 아인슈타인이 물리학 난제를 수년 동안 생각해보는 수준을 의미하지도 않는다.

연세대에 논술전형으로 합격한 윤선이라는 여학생이 있었다. 보통 고등학생들은 영어 단어장이나 수학공식을 적은 메모지를 들고 틈틈이 공부한다. 그런데 윤선이는 '논술 기출문제'를 들고 다니며 틈틈이 공부했다. 자신이 가고 싶은 연세대뿐만 아니라 고려대와 성균관대 문제들을 출력해서 가지고 다닌 것이다.

"선생님, 저는 문제를 출력한 다음, 논제와 제시문을 번갈아 읽어봐요. 물론 중요한 부분에는 줄도 긋고요. 여러 번 풀다보면 논제와 제시문의 핵심내용은 거의 머릿속에 들어와요. 그 다음부터는 논제와 함께 계속 제시문들 간의 연관관계를 생각해요. 기억이 가물가물하면 다시 문제를 다시 꺼내보기도 하구요. 주말에는 1000자 원고지에 일주일 동안 틈틈이 생각했던 논술 문제를 한번 써보는데, 쓴 내용이 해설의 출제자의 의도와 일치하면 그렇게 기분이 좋더라구요."

윤선이는 3학년 때 오히려 논술을 공부할 게 없었다고 말했다. 주요대학의 모의고사와 기출문제 3년치는 이미 여러 번 '머릿속'으로, 또 실제 답안작성을 해봄으로 소화해냈기 때문이다. 윤선이가 실천한 방법은 '자투리 시간'의 활용이었다. 대부분의 학생들이 자투리 시간에 영어단어와 수학공식을 암기하는 반면, 윤선이는 논술 문제를 보며 '깊은 생각'을 했다. 그리고 주말에 답안 작성과 첨삭 받는 일을 반복했을 뿐이다. 자투리 시간을 활용해서 공부하니, 수능이나 내신 공부할 시간도 뺏기지 않았다.

자투리 시간의 중요성

논술은 자투리 시간에도 충분히 공부할 수 있는 시험과목이다. 고3이 되면 수능에만 집중하겠다는 학생들이 많은데, 심지어 일주일에 2시간 정도의 논술수업도 듣지 않고 수능공부에 매달리려고 한다.

"논술수업 왜 듣지 않으려고 하니?"

"모의고사 성적이 떨어져서 수능에 올인(all in)하려고 합니다."

"그래? 뭐 하나 물어보자. 평소에 게임 좀 하는 편이니?"

"네."

"그럼 일주일에 인터넷 검색은 대략 얼마정도 하는 것 같니? 스마트폰 메신저 대화시간도 포함해서."

"못해도 일주일에 10시간은 되지 않을까요?"

"일주일에 10시간? 생각해봐라. 게임, 인터넷, TV 시청 줄이면 논술공부도 충분히 할 수 있고, 수능시험 공부도 더 할 수 있는데 논술수업 시간 탓만 하니? 그러고도 좋은 대학을 가기 원하는 네 생활이 모순이지 않을까?"

이런 이야기를 들으면 '정신이 번쩍 난다'고 말하는 학생들이 많다. 매일 30분 정도 논술 문제를 읽고 생각하면, 대학입시 결과가 바뀔 가능성이 큰데, 쓸데없는 시간은 낭비하면서 논술 공부하는 시간을 아까워한다. 만약 매일 20분씩 생각하고, 일주일에 논술 1문제를 꾸준히 풀고 정리했다면 1년 동안 50문제 이상을 풀게 된다. 2년 동안 공부했다면 100문제 정도를 다루었을 것이다.

이 분량은 대한민국 주요대학 모의고사와 기출문제 3년치를 모두 공부한 양이다. 또 이런 과정 중에 논제와 제시문을 분석하며 깊이 생각하는 연습을 '매일' 했으므로, 자료를 분석하는 사고력 또한 좋아졌을 것이다. 그러므로 수험생이라면 게임과 인터넷 서핑을 당장 그만두자. 오히려 그 시간에 자료 요약 연습을 하면 논술과 수능 국어시험이란 두 마리 토끼를 잡을 수 있을 것이다.

매일매일 하는 사람이 결국 승리한다

논술 기출문제를 출력해서 하루 20분만 매일 생각하자. 눈이 오든, 태풍이 치든, 매일매일 실천하는 사람이 결국 승리하는 사람이 된다. 우공이산(愚公移山)이라는 고사 성어는 그런 의미가 있지 않은가? 우공(愚公)이라는 사람이 흙을 퍼 담아 산을 옮기는 것처럼, 남이 보기엔 어리석고 불가능해 보여도 한 가지 일을 밀고 나가면 언젠가는 목적을 달성한다. 친구들이 "너는 내신도 안 좋은데 왜 논술을 공부하니?"하고 물어도 신경 쓰지 말고 묵묵히 논술을 공부하자. 문제를 출력한 다음, 자투리 시간을 활용해 공부하고, 주말에는 그 문제에 대한 답안을 적어보자. 이때, 논술 시험을 준비하는 친구들과 모여서 공부하되, 토론을 병행하면 금상첨화다.

《1만 시간의 재발견》의 저자 안데르스 에릭슨은 어떤 분야든지 천부적인 천재이거나 재능은 없다고 말한다. 다만 '설계를 통한 의식적인 반복훈련'이 필요할 뿐이라고 얘기한다. 논술시험도 마찬가지이다. 처음부터 답안을 잘 쓰는 사람은 없다. 계획을 잘 짜고, 약점을 수정하겠다는 의도로 매일 20분이라도 연습하면 충분히 합격할 수 있는 시험이 논술이다.

 합격을 위한 한마디

논술에 매일 20 분 투자하는 것으로 내가 '갈 수 없는' 대학이 아니라, '가고 싶었던 대학'으로 합격할 가능성이 높다면? 학교나 집에서 쓸데없는 시간 낭비하지 말고 논술에 시간 투자해야 하지 않을까?

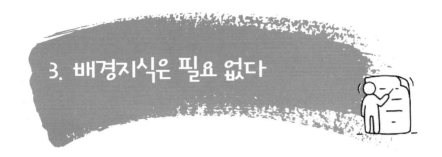

3. 배경지식은 필요 없다

탁석산 교수는《논술은 논술이 아니다》라는 저서에서 이렇게 말했다.

흔히 논술에는 배경지식이 꼭 필요하기 때문에 평소에 교양서적
을 많이 읽어야 한다고 신문이나 방송에서 줄곧 떠든다. 물론 이에
도움이 된다는 책도 논술용이라는 이름으로 많이 선전되고 있다. 하
지만 우리나라 논술은 배경지식이 거의 필요 없는 시험이다. 즉 프
랑스의 바칼로레아가 아니라는 얘기다.

탁 교수의 말처럼 논술시험을 위해 따로 배경지식을 공부할 필요는 없다.
교과서와 수능 국어 기출문제, EBS자료를 정리하는 것으로도 논술시험 준
비에 충분하다. 왜냐하면 논술시험은 배경지식의 유무보다는, 답안을 통해

학생의 사고력을 종합적으로 평가하는 데 중점을 두는 시험이기 때문이다. 그리고 제시문이 어렵게 출제되면 누구에게나 그 시험은 공평하게 어렵다.

학교 수업자료로도 충분하다

'배경지식은 필요 없다'는 말은 '책을 읽지 말라'는 이야기가 아니다. 문제는 시험에 써 먹기 위해 배경지식을 억지로 외울 때 발생한다. 그런데 주제별로 외운 지식들이 자신에게 독이 되기도 한다. 왜냐하면 암기해 놓은 배경지식의 범주에서 문제가 출제 될 경우, 수험생은 논점에 입각하기 보단, 선입견을 가지고 논술문제에 접근할 가능성이 높기 때문이다.

그 대신에, 수능국어 기출문제, EBS 지문, 교과서를 요약하는 방법을 택하자. 논술에도 요약이 필요하고, 국어 공부도 실력이 붙기 위해선 지문 요약이 필요하다. 국어 비문학 지문과 EBS 교재를 계속 요약하면, 국어 실력 향상은 물론, 논리적 글쓰기에도 도움이 된다. 왜냐하면 대한민국 논술시험은 제시문들을 요약(정리)한 상태에서 응용문제를 푸는 유형이 많기 때문이다. 또한 사회탐구 과목을 열심히 공부하는 것도 도움이 된다. 예컨대 윤리시간에 배운 철학적 주제, 역사과목에서 배운 사건, 경제과목에서 접하는 표나 그래프의 해석 방법을 잘 익히는 것은 논술에 직접적인 도움이 된다. 다음은 2016년 서울시립대학교 논술 기출문제의 제시문 (가)이다. 한번 읽어보길 바란다. 제시문의 난이도가 어려운 수준이다.

(가) 우리는 직관에 의해서 자명한 명제나 이성의 연역에 의해서 증명의 확실성이 성립되는 명제를 참이라고 여기기 위해 계시의 도움을 받을 필요가 없다. 왜냐하면 그러한 명제들은, 신이 우리에게 그것들을 직접 계시하지 않았다면, 우리의 자연스러운 지식 형성 방식에 따라 최대한의 확실성을 가진 지식으로 우리 마음속에 정착된 것들이기 때문이다. 그리고 설령 신이 우리에게 그러한 명제들을 계시했다 하더라도, 그것이 신의 계시라는 사실을 신앙으로 받아들이는 것은 그 사실을 지식으로 받아들이는 것보다 결코 더 명증적일 수 없다. 계시라고 불리는 어떤 것도 확실한 지식을 동요시키거나 파괴할 수 없다. 그리고 우리의 마음에 명증하다고 여겨진 지식과 모순되는 것을 참이라고 여기도록 합리적으로 설복시킬 방법도 없다. 계시를 받아들이는 우리 마음의 능력은 어떤 계시를 직관적 지식 정도만큼은 확실하다고 여길지 모르지만, 이를 지식보다 더 명증한 것으로 수용하지는 않는다. 따라서 뚜렷하고 분명한 지식에 부합하지 않는 내용을 우리는 결코 진리라고 생각하지 않는다. 예를 들어, 하나의 동일한 물체가 서로 다른 두 장소에 동시에 존재한다는 명제가, 신의 계시라는 권위에 의존하여 제시된다고 하더라도 우리는 절대로 그 명제에 동의할 수 없다. 신이 그런 계시를 통해 우리를 속이지 않을 것이라는 기대와, 신에 의해서 계시된 명제를 우리가 올바르게 이해할 수 있을 것이라는 믿음은 직관이나 연역에 의해 획득되는 지식보다

더 명증적일 수는 없기 때문이다. 우리는 직관적 지식을 통해 하나의 동일한 물체가 동시에 두 장소에 있을 수 없다는 사실을 분명히 안다. 그러므로 어떤 명제가, 직관적으로 분명한 지식이나 연역적으로 확실하게 증명된 명제와 모순된다면 이를 신의 계시라는 이유로 받아들여서도 안 되고 동의해서도 안 된다. 만약 그것을 받아들이거나 그것에 동의한다면, 모든 지식의 토대와 명증성, 그리고 어떤 명제에 동의할 때 지켜야만 할 원칙이 전복될 것이기 때문이다. 의심스러운 명제가 자명한 명제보다 우위에 놓이게 된다면, 우리가 살아가는 세상에는 참과 거짓의 차이가 있을 여지가 없고, 무엇인가를 신뢰할 수 있거나 없음을 결정할 척도도 없을 것이다. 게다가 우리가 확실하게 아는 지식이, 오해했을 가능성이 있는 명제에 의해 드러날 위험조차 있다. 따라서 우리가 지닌 관념들 중 직접적 지각과 상반되는 명제를 신앙의 문제라고 강변하면서 납득시키려 하는 일은 쓸모없는 일이다. 그런 명제는 신앙이라는 명목뿐 아니라 다른 어떤 명목에 따른다 하더라도 우리가 동의할 수 없는 것이다.

이해하기 쉬운가? 쉬웠다면 다행이다. 그러나 대충 한번 읽고서는 핵심을 간파하기 어려운 지문이다. 이처럼 지문이 어렵게 출제 되면 배경지식이 많은 수험생이든 독서량이 부족한 학생이든 모두에게 어렵다.

그러므로 논술 시험에 도전하는 학생들은 자신의 독서량을 맹신하지 말고, 주어진 제시문 독해에 집중해야 한다. 일단 제시문의 출처는 17세기 영국 철학자 존 로크의《인간지성론》이다. 그런데, 현재 대한민국의 고등학생

중에 이 책을 읽은 사람은 몇 명이나 되고, 학교 선생님들 중에는 몇 분이나 읽으셨을까? 또 논술을 가르치는 학원 강사 중에는? 거의 없다. 필자도 역시 읽지 못했다.

　정리하면, 논술을 가르치는 사람도 읽지 못했고, 준비하는 학생들도 대부분 읽지 못했다. 그러므로《인간지성론》처럼 고전의 반열에 오른 많은 책을 읽지 못했다고 해서 논술시험을 치를 수 없는 것이 아니다. 다음은 2012년에 출제된 수능시험 국어 문제 17번이다. 한번 풀어보길 바란다.

 <u>2012년 수능시험 언어영역 17번</u>

　　비트겐슈타인이 1918년에 쓴《논리 철학 논고》는 '빈학파'의 논리실증주의를 비롯하여 20세기 현대 철학에 큰 영향을 주었다. 그는 많은 철학적 논란들이 언어를 애매하게 사용하여 발생한다고 보았기 때문에 언어를 분석하고 비판하여 명료화하는 것을 철학의 과제로 삼았다.

　　그는 이 책에서 언어가 세계에 대한 그림이라는 '그림 이론'을 주장한다. 이 이론을 세우는 데 그에게 영감을 주었던 것은, 교통사고를 다루는 재판에서 장난감 자동차와 인형 등을 이용한 ㉠ 모형을 통해 ㉡ 사건을 설명했다는 기사였다. 그런데 모형을 가지고 사건을 설명할 수 있는 이유는 무엇일까? 그것은 모형이 실제의 자동차와 사람 등에 대응하기 때문이다. 그는 언어도 이와 같다고 보았다. 언어가 의미를 갖는 것은 언어가 세계와 대응하기 때문이다. 다시 말해 언어가 세계에 존재하는 것들을 가리키고 있기 때문이다. 언어는 명제들로 구성되어 있으며, 세계는 사태들로 구성되어 있다. 그리고 명제들과 사태들은 각각 서로 대응하고 있다. 이처럼 언어와 세계의 논리적 구조는 동일하며, 언어는 세계를 그림처럼 기술함으로써 의미를 가진다.

'그림 이론'에서 명제에 대응하는 '사태'는 '사실'이 아니라 사실이 될 수 있는 논리적 가능성을 의미한다. 따라서 언어를 구성하는 명제들은 사실적 그림이 아니라 논리적 그림이다. 사태가 실제로 일어나서 사실이 되면 그것을 기술하는 명제는 참이 되지만, 사태가 실제로 일어나지 않는다면 그 명제는 거짓이 된다. 어떤 명제가 '의미 있는 명제'가 되기 위해서는 그 명제가 실재하는 대상이나 사태에 대해 언급해야 하며, 그것에 대해서는 참, 거짓을 따질 수 있다. 만약 어떤 명제가 실재하지 않는 대상이나 사태가 아닌 것에 대해 언급하면 그것은 '의미 없는 명제'가 되며, 그것에 대해 참, 거짓을 따질 수 없다. 따라서 경험적 세계에 대해 언급하는 명제만이 의미 있는 것이 된다.

이러한 관점에서 비트겐슈타인은 기존의 철학자들이 다루었던 신, 영혼, 형이상학적 주체, 윤리적 가치 등과 관련된 논의가 의미 없는 말들에 불과하다고 보았다. 왜냐하면 그 말들이 가리키는 대상이 세계 속에 존재하지 않는, 즉 경험 가능하지 않은 대상이기 때문이다. 이와 같은 형이상학적 문제와 관련된 명제나 질문들은 의미가 없는 말들이다. 그러한 문제는 우리의 삶을 통해 끊임없이 드러나는 신비한 것들이지만 이에 대해 말로 답변하거나 설명할 수는 없다. 그래서 비트겐슈타인은 "말할 수 없는 것에 대해서는 침묵해야 한다."라고 말했다.

17. 비트겐슈타인의 이론에 대한 이해로 적절하지 않은 것은?

① 언어의 문제를 철학의 중요한 과제로 보았다.

② '그림 이론'으로 논리실증주의에 큰 영향을 주었다.

③ '사태'와 '사실'의 개념을 구별하였다.

④ 경험적 대상을 언급하는 명제는 참이라고 보았다.

⑤ 형이상학적 문제를 다룬 기존 철학을 비판하였다.

이 수능 국어 기출문제 역시 난이도가 어려운 편이다(정답은 ④). 이 수능 문제의 지문은 2016년도 서울시립대학교 인문계 기출문제 제시문(가)의《인간지성론》처럼 난이도가 높은 편이다. 그런데 수험생들은 철학자 '비트겐슈타인'이나 '그림 이론'에 대해 전혀 몰라도 이 국어문제를 제법 잘 풀어낸다. 나중에 복습하면서 단락의 구조도 분석하고, 기-승-전-결도 파악하며, 중요한 내용에는 여러 가지 표시를 했을지도 모른다.

그러므로 이 국어문제를 풀어낼 정도만 된다면, 위 서울시립대 문제의 제시문들도 얼마든지 쉽게 접근할 수 있다는 것이다. 논술에 출제되는 제시문들이 유별나게 어려운 것이 아니라는 것을 깨달아야 한다. 오히려 어떤 학생들은 위 수능 문제의 지문이 로크의《인간지성론》보다 훨씬 어렵다고 느낄 수도 있다.

여기서 우리는 수능 국어기출문제나 EBS문제, 교과서와 참고서의 내용들만 잘 이해해도 논술시험을 대비하는데 충분함을 알 수 있다. 독서량과 배경지식이 부족하다 고민하지 말고, 차라리 이미 공부하고 있었던 논술 기출문제와 교과서, 수능 국어 기출문제에 대해 깊이 생각하고, 요약(정리)

하고 정리하자. 그 방법이 훨씬 효과적이면서, 논술과 수능 국어라는 두 마리 토끼를 한 번에 잡을 수 있는 비법이다.

 합격을 위한 한마디

논술에서 출제된 제시문들은 수능 기출문제나 모의고사 지문의 난이도와 비슷하거나 오히려 쉽다. 따라서 수험생이 수능 국어 기출문제나 EBS 국어 지문을 독해할 수 있다면 논술 제시문을 이해하는데 어떤 부족함도 없을 것이다.

4. 논증을 익혀라

문제를 분석하고 출제자의 요구조건에 맞춰 제시문을 정리했다면, 이제 답안을 원고지에 써야 하는 과정이 남았다. 이때 가장 중요한 것은 '논증으로 글쓰기'이다. '논증'은 논술 글쓰기의 핵심이자 뼈대이다. 그렇다면 논증이란 무엇일까? 논증은 '주장과 근거', 혹은 '결론과 이유', '논지와 논거', '결론과 전제'라고 기억하면 된다. 즉 논제(쟁점)의 요구에 따른 핵심내용을 우선으로 적고, 이 핵심내용에 대한 근거를 적는 것이다.

어렵게 생각하지 마라

논술은 '논증적 글쓰기'이다. 한번 더 반복하면 논증은 주장과 근거로 이루어지며, 논지와 논거, 주장과 이유, 결론과 전제라고 부르기도 한다. 이

때 근거는 주장을 뒷받침해야 한다. 일반적으로 근거는 하나가 아니라 여러 개일 수 있다. 그러나 실제 시험에서는 분량의 제한이 있기 때문에, 많은 근거를 들어 무작정 뒷받침할 수 없다. 보통 하나의 주장에 1~2개의 뒷받침 문장이 적당하다.

여기서 '논지', '주장', '결론'은 수험생들의 문제에 대한 자기 생각이 가장 분명하게 드러나는 부분이다. 그래서 우선 결론에 해당하는 핵심 주장을 먼저 내세우는 것이 좋다.

이때, 결론을 먼저 쓴다는 의미는 '출제자의 요구조건'에 대해 직접적인 답을 한다는 의미다. 이점이 중요하다. 결론을 먼저 쓰면 근거는 쉽게 써지기 때문이다. 마치 '오리 떼가 물에서 헤엄치는' 장면에서 어미 오리가 있고 그 뒤를 새끼 오리가 뒤따라가는 모습이 있다면, 어미 오리는 '결론'이고 새끼 오리는 '근거'다.

근거를 쉽게 쓰는 방법 중 하나는 결론에 대해 '왜'라는 질문을 던지는 것이다. 근거를 제시하는 능력은 채점자가 가장 중요하게 여기는 부분인데, 구체적이며 명확한 이유를 댈수록 채점자는 답안의 논리에 설득당할 것이다.

만약 제시문이 주장하는 글이 아니면 어떻게 할까? 예를 들어 설명문이라면 어떻게 정리해야 할까? 이때도 마찬가지이다. 가장 중요한 내용(결론)을 먼저 쓰고, 부연 설명으로 뒷받침 한다. 핵심을 적고 첫 번째 부연, 두 번째 부연, 이런 식으로 뒷받침할 내용을 설명문에서 찾아 자기만의 문장으로 써내려 나가면 된다.

논증에 대한 유명 작가들의 설명

베스트셀러 ≪미움받을 용기≫의 작가 고가 후미다케는 ≪작가의 문장수업≫에서 '논리적인 문장'에 대해 다음과 같은 비유로 설명한다.

　자신의 주장이 확실한 이유로 뒷받침될 때 '논리적인 문장'이라고 말할 수 있다. 이 구조는 마트료시카 인형과 비슷하다. 마트료시카 인형은 인형 안에 좀 더 작은 인형이 들어 있고, 그 안에 좀 더 작은 인형이 들어가게 포개어 넣은 구조로 된 유명한 러시아 민예품이다. 푸틴 안에 옐친, 옐친 안에 고르바초프, 고르바초프 안에 브레즈네프, 이어서 흐루시초프, 스탈린, 레닌처럼 역대 지도자가 차례로 들어간 마트료시카 등 여러 종류의 재미있는 기념품으로 인기가 높다. 논리적인 문장의 마트료시카는 다음처럼 3층으로 되어 있다.

　1. 주장(큰 마트료시카) 그 문장을 통해서 전하고 싶은 주장
　2. 이유(중간 마트료시카) 주장을 호소하는 이유
　3. 사실(작은 마트료시카) 이유를 보강하는 객관적 사실

　또한, ≪탄탄한 문장력≫의 저자 브랜든 로열은 '결론부터 쓰는' 일의 중요성을 다음과 같이 강조한다.

　노련한 작문교사들은 학생들의 글쓰기 습관을 바로잡기 위해 결

론을 가장 처음에 쓰게 만든다. 주제를 내주고 짧은 글을 쓰라고 지시한 다음, 글이 완성되면 각각의 학생에게 다가가 다짜고짜 맨 마지막 문장을 동그라미 쳐서 글의 첫머리로 옮겨놓는다. 대부분의 학생들이 결론을 마지막에 쓴다는 사실을 알고 있기 때문이다. 이런 기술을 가리켜 BLOT, 즉 "마지막 문장을 제일 처음으로(Bottom Line on Top)"라고 부른다.

딱 하나만 기억하라

'논증'이라는 표현이 어려운가? 주장이나 근거, 결론과 전제와 같은 용어가 어려운가? 그렇다면 딱 한 가지만 기억하자.

'결론부터 쓰자', 즉 논제에서 요구하는 조건에 대해 결론부터 쓰려고 노력해야 한다는 점이다. 작가 고가 후미타케와 브랜든 로열이 공통적으로 강조한 부분은 '가장 중요한 것부터 먼저 써라'는 것이다.

필자도 논술답안을 평가할 때 최우선시하는 게 있다. 첫째, 논제의 요구사항에 대해 충분히 서술했는가? 이고, 둘째, 결론부터 적었는가? 하는 점이다. 결론부터 적으라는 것은 출제자의 요구에 대해 답을 먼저 적으라는 뜻이다. 결론을 먼저 썼다는 것은 논제의 논점에 집중했고, 출제자의 요구사항에 충실히 반응했다는 의미다. 처음 논술을 시작하는 학생들의 답안을 보면 결론이 단락의 마지막에 표현되어 있는 경우가 많다.

'결론부터 써라, 답부터 써라, 주장부터 써라.' 이 말만 기억해도 논술 글쓰기의 절반은 끝난 것과 다름없다.

합격을 위한 한마디

논증은 결론과 근거로 구성된다. 따라서 논술 시험에서는 우선 논제에서 묻는 것에 대해 결론(답)부터 쓰고, 제시문을 소화해내서 결론에 대한 근거(이유)를 들면 된다.

5. 나도 합격하는 답안을 쉽게 쓸 수 있다

쉽게 답안을 쓰는 방법이 있을까? 있다. 일단 자료를 출제자의 요구조건에 맞춰 잘 정리해야 한다. 이것이 기본이다. 비유하자면, 요리사가 본격적으로 요리하기 전에 재료를 체계적으로 준비해 놓는 것과 같다. 그렇다면 자료를 잘 정리하려면 어떻게 하면 될까? 이에 대한 답도 간단하다. 출제자의 요구조건을 '세밀히 보고' 그 조건을 충족시키면 된다. 이때 세밀히 본다는 말은 '더 나누어 본다'는 의미와 동일하다.

두 번째로는 '논증'으로 글을 쓰면 쉽게 쓸 수 있다. 이때 출제자의 요구조건에 대한 답을 '직접' 한다고 생각하고 제시문에서 그 내용을 찾아 소화한 다음, 자신만의 문장으로 적는다. 즉, 묻는 것에 대해 결론(주장, 논지)부터 쓰는 게 중요하다.

논술 답안을 쓰는 전체과정을 간단히 말하면 '분석하고, 나열한 다음, 답을 하라'로 압축할 수 있다. '1. 논술은 쉽다'에서 다루었던 동국대학교 2016년 모의고사 [문제3]을 가지고 계속 이야기 해보자.(이 책 47p참조)

[문제 3] 제시문 [가]~[다]를 바탕으로 영화 '명량'의 허구성을 추론하여 기술하고, 제시문 [라], [마]를 참조하여 역사적 사실을 바탕으로 한 영화의 허구적 표현에 대한 수용 태도에 대하여 논하시오. 〈18~20줄(540~600자)〉[40점]

1. 분석해서 나열하라

출제자의 요구조건을 세밀히 살펴보자. '1. 논술은 쉽다'에서 설명했지만, 일단 [문제 3]은 크게 두 가지 요구사항으로 나뉜다.

1) 제시문 [가]~[다]를 바탕으로 영화 '명량'의 허구성을 추론(쟁점)하여 기술하라.
2) [라], [마]를 참조하여 역사적 사실을 바탕으로 한 영화의 허구적 표현에 대한 수용 태도(쟁점)에 대하여 논하라.

그런데 논제에는 '제시문 [가]~[다]를 바탕으로~'처럼 제시문이 쟁점과 결합되어 있다. 그러므로 각각의 제시문들도 정리해야 그 내용을 알 수 있다. 그렇다면 논제는 더 나누어질 것이다. 논제를 다음과 같이 나누어 보자.

1) [가]의 내용

2) [나]의 내용

3) [다]의 내용

4) [가], [나], [다]의 내용을 바탕으로 영화 '명량'의 허구성을 추론(쟁점)하라

5) [라]의 내용

6) [마]의 내용

7) [라], [마]를 참조하여 역사적 사실을 바탕으로 한 영화의 허구적 표현에 대한 수용 태도(쟁점)에 대하여 논하라

논제가 어려우면 '더 나누어본다'는 말을 기억하자. 이제 위의 1)~7) 각각에 대해 제시문을 참고해서 정리할 수 있겠는가? 충분히 가능할 것이다. 이 문제의 제시문은 수능 국어 기출문제, EBS국어 객관식 문제보다 훨씬 난이도가 쉽기 때문이다.

2. 답을 하라

'논증으로 쓰되, 결론부터 쓴다'는 것이 핵심이다. 그렇다면 위 1)~7)에 대해 답을 한다는 생각으로 제시문의 내용을 정리해보자. 1)~4)까지 다음과 같이 정리해보았다.

1) [가]의 내용 : 영화 '명량'의 제작자들이 배설을 이순신을 해하는 인물로 그렸다고 하여 배씨 문중으로부터 명예훼손을 당함

2) [나]의 내용 : 도요토미 히데요시가 조선을 침략하자 선조가 피난하는 위급한 상황에서 이순신이 거느리는 수군이 일본에게 승리를 거두었음

3) [다]의 내용 : 임란 당시 활약한 이순신의 모습과, 영화 '명량'에서 악인으로 그려진 배설에 대한 자료가 《난중일기》,《조선왕조실록》,《승정원일기》에 있음

4) [가], [나], [다]의 내용을 바탕으로 영화 '명량'의 허구성을 추론(쟁점)하라 :

4)에서는 영화 '명량'의 허구성을 추론하라는 쟁점에 먼저 결론(답)을 쓰는 게 중요하다.

영화 '명량'은 역사적 자료를 바탕으로 만들어졌지만, 배설을 악인으로 과도하게 묘사한 한계가 있다.(결론) [나]에서 보여주듯 이순신 장군은 명량 해전에서 일본에게 승리를 거둔다. 또한 [다]에서 알 수 있듯, 비슷한 시기에 전쟁에서 도망한 장수라는 배설에 대한 기록이 존재한다. 그러나 [가]의 영화 '명량'에서 보여주듯, 배설이 이순신을 암살하려고 한다거나, 전쟁 중에 쪽배를 타고 도망간다는 설명은 정확한 근거가 없는 과도한 설정이라 할 것이다.

합격하는 답안은 출제자의 의도를 충족한 답안이다.

《성공지능》의 저자이자 지능분야 석학인 로버트 스텐버그는 "아무 성과도 거두지 못하는 이유는, 엉뚱한 문제를 푸는 데 시간을 낭비하기 때문이다"고 말했다. 이 말은 논술시험에도 적용된다. 논술은 출제자의 의도가 명확하게 주어지는 시험이기 때문이다. 따라서 '분석해서 나열한 뒤, 답을 한다'는 말을 기억하자. 요구조건을 파악하고, 그 조건에 대해 결론을 쓰고 근거를 대는 논증의 방식으로 글을 쓰는 것, 이것만 기억해도 논술 문제가 쉽게 풀린다.

 합격을 위한 한마디

논제의 요구사항에 대해 야구경기에서 투수가 '돌직구'를 날리듯 결론부터 찾고 써라. 그럼 글쓰기가 쉬워질 것이다.

6. 논술은 유전도 재능도 아닌 '기술'이다

입시 현실에서 논술시험에 대한 실정은 이렇다. 논술시험을 보는 학생들 중 10~20% 정도는 답안 작성을 거의 해 본적이 없다는 것이다. 시험 직전, 논술 문제를 원고지에 대충 한 두 번 써 보았을 뿐이다. '친구 따라 강남 간다'는 속담처럼 친구들이 논술시험을 보니 따라가서 같이 시험을 본다. 특히 수능 최저등급 조건이 없는 논술시험에서 이런 경우가 많다. 따라서 논술답안 작성을 꾸준히 연습한 학생은 경쟁률이 높아도 긴장할 필요가 없다. 목적의식적인 준비 없이 '그냥' 시험을 치러온 학생들은 문제를 대충 훑은 다음 '생각나는 대로' 쓴다. 독서 감상문도 아닌데 '생각나는 대로' 쓰니 합격할 수가 없다.

그리고 30%는 수능 최저등급을 획득하지 못해 탈락한다. 따라서 수능 최저등급 획득은 논술시험에서 상당히 중요하다. 그 결과 수험생이 최저등급을 획득하면 논술 시험 경쟁률이 많이 떨어진 상태에서 시험을 보게 된다.

그렇다면 나머지 50% 중에서 합격한 사람들이 나왔을 텐데, 과연 논술로 합격한 학생들은 어떤 사람들이었을까? 자신만의 글쓰기 비법이나 어떤 우월한 천재성을 가지고 있는 사람들이었을까? 물론 그렇지 않다.

다음과 같은 몇 가지가 논술 합격의 기술이라면 '기술'이라고 할 수 있다. 그런데 이 기술들은 글쓰기의 본질적인 부분이지, 학원에서 가르쳐주는 어떤 독특한 방법은 아니라는 것을 먼저 강조하고 싶다.

끝까지 읽고 싶다는 생각이 들게 하라

수험생은 자신의 답안을 평가하는 사람이 누구인지를 알아야 한다. 당락의 여부를 결정짓는 존재는 고등학교 선생님이 아니라 대학 교수님이다. 대학 교수님들은 해마다 많은 양의 논문을 쓰고, 학술자료와 제자들의 논문을 검토한다. 그런 분들이 수험생의 논술답안을 '척' 하고 읽다 보면 합격할 답안인지 '탁'하고 감이 오지 않겠는가?

답안은 채점관에게 '이 답안 끝까지 읽고 싶은걸?'하는 인상을 주어야 한다. 서점에서 책을 구입할 때, 사람들은 목차나 1장을 보고 매력적이지 않으면 구입하지 않는다. 왜 그럴까? 간단하다. '끝까지 읽고 싶지 않다'는 생각이 들어서다. 누군가의 프리젠테이션도, 강연이나 수업도 끝까지 듣고 싶지 않을 때가 있다. 왜일까? 간단하다. 재미없고, 지루한 느낌을 처음에 받았기 때문이다. 따라서 논술답안도 평가자가 '끝까지 읽고 싶다'는 느낌을 처음부터 주어야 한다.

그렇다면 채점관에게 '끝까지 읽고 싶다'는 느낌을 주려면 어떤 방법이 필요할까? 일단 후크(hook:갈고리)가 필요하다. 낚시 바늘의 갈고리가 물고기의 입을 꿰듯, 논술시험 답안의 서론에서 갈고리 역할을 하는 문장이 필요하다. 서론에서 주제와 맥락을 같이하는 예시로 시작하거나, 대립구도를 통해 의문을 제기하거나 주제문을 간단히 쓰는 방식으로 시작하면 된다.

그러나 본론에서 '쟁점'을 다루는 것이 무엇보다 중요하며, 500~800자 이내의 분량을 쓰는 문제는 쟁점에 해당하는 내용만 핵심적으로 기술해야 한다.

대립(대결)구도를 파악하고 주제문을 작성하라

논제를 통해 제시문 전체를 정리하고 이해했다면, 이제 주제문을 작성해야 한다. 문제의 의도를 파악했다면, 주제문을 작성해서 '나의 생각'을 세워야 하는 것이다. 물론 문제에서 주어진 논점(쟁점)들을 빠르게 파악하는 일도 매우 중요하다. 그러나 이것은 답안을 작성하기 위한 '기본'에 속하는 일이지, 다른 경쟁자들의 답안과 차별되는 요소는 아니다.

그렇다면 쉬운 주제문 작성 방법은 없을까? 있다. 먼저, 제시문과 논점을 통해 대립구도를 확인하는 것이다. 제시문의 내용 속에서 '대립구도'를 먼저 확인하면 주제문 작성이 쉽다.

예를 들어 '인터넷 시대에 책이나 신문의 문자(文字)는 그 의미가 점점 퇴색되어 가는가?'라는 논제가 있다고 하자. 제시문들은 이 주제를 중심으로 '그렇다', '그렇지 않다'는 찬성과 반대의 입장으로 나뉠 것이다. 그렇다면 찬성과 반대의 핵심을 정리해보고, 자신은 찬성과 반대 어느 쪽인지 결정한 다음, 주제문을 한 두 문장으로 작성해보면 된다.

논술의 '본질'에 대해 한번 생각해보자. 논술의 본질은 어떤 주제에 대해 '자신의 견해'를 가지고 상대방을 설득하는 것이다. 논술시험에서 합격하고 싶으면 다른 수험생의 답안과 차별화 되어야 하는데, '자기 견해'가 없는 답안은 남과 차별화되지 않는다. 해마다 논술답안 채점 평에서 나오는 말은 수험생의 답안이 천편일률적이라는 것이다.

이런 답안을 쓰는 근원적인 이유는 '자기 생각'이 없기 때문이다. 예를 들어 사형제도나 안락사에 대한 찬반논란에 관한 논제와 제시문이 출제되었다고 하자. 그렇다면 수험생은 자신이 이 다툼에 대해 찬성인지, 반대인지 입장을 명확하게 밝혀야 한다.

제시문 간의 연결 관계를 확인하라

시험에 출제된 제시문들은 논제의 조건을 바탕으로 서로 연결되어 있다. 그중 대표적인 것이 '대립관계'이다. 출제자는 논술 문제를 만들 때 치열하게 대립하는 관점을 먼저 제시문에 배치했을 것이다.

예를 들어 출처가 서로 다른 제시문 (가), (나), (다), (라)가 있다. 논제(문제)를 분석하면 더 자세히 드러나겠지만, 제시문 (가)~(라)는 모종의 연결고리로 이어져 있을 것이다. 예를 들어 '안락사'를 주제로 다음 내용을 가진 제시문들이 있다고 가정해보자.

(가) 개인의 행복의 관점에서 '안락사 합법화'

(나) 집단의 이익의 관점에서 '안락사 합법화'

(다) 집단의 이익의 관점에서 '안락사 합법화'를 지지하는 어떤 제시문

(라) 개인의 행복의 관점에서 '안락사 합법화'를 지지하는 표나 그래프

(가)와 (나)는 '안락사 합법화'를 바라보는 관점이 '개인'과 '집단'으로 상반되므로 대립구도임을 쉽게 발견할 수 있다. 그리고 (다)는 (나)를 지지하고 (라)는 (가)를 지지한다. 지지한다는 뜻은 뒷받침한다는 뜻이다. 결국 (다)와 (나), (라)와 (가)는 서로 비슷한 관점을 갖고 있는 것이다. 간단한 기호로 표시하면 다음과 같다.

(라) – (가) ↔ (나) – (다) : 화살표는 대립관계라는 뜻

이처럼 대립구도를 확인한 다음에는, 제시문들 간의 관계를 생각해보아야 한다. 즉, '대립구도'를 중심으로 자료를 해체하고 통합하는 과정이 필요하다. 그렇게 되면 제시문들의 논지를 '대립구도'를 중심으로 재구성하기가 쉬워져, 독창적인 답안구성이 된다.

기존의 관념과 다른 발상을 하라

답안에서 '주제문'을 통해 '나의 생각'을 써야 한다면, 기존의 고정관념과

권위에 도전하려는 자세를 가져야 한다. 채점관들은 많은 학생들의 논술 답안이 '교훈조로 훈계하듯이 기술하였다', '추상적이다' '구체적이지 못하고 일반적이다'라는 지적을 많이 한다. 그 이유는 수험생들이 '모범생 이미지'를 주려고 답안을 무난하게 서술하기 때문이다. 그런데 그런 답안은 무난한 만큼 그저 '평범하게' 읽힐 뿐이다. 안전하고 무난한 답안은 '평균적 답안'에 그칠 뿐이다.

자신의 양심에 반하지 않는 한, 기존의 권위나 선입견에 도전해보라. 채점 교수들이 수험생이 답안에 쓴 내용을 가지고 '이 녀석 이런 답안을 쓰다니 학생답지 못한 걸?'하고 생각하지 않는다. 일관성만 있다면 '야, 대단한데? 이런 발상을 하다니!' 하고 오히려 눈여겨볼 확률이 높다. 일본의 대표적인 논술 강사 히구치 유이치 박사는 논술에 대한 생각을 이렇게 표현했다.

나는 통합논술을 일종의 '게임'으로, 즉 다른 사람들에 견주어 자신을 얼마나 지적으로 드러내 보이느냐 하는 경쟁으로 생각한다. 평범해서는 안 된다. 남다른 견해를 피력하고 설득력 있는 근거를 제시해야 한다.

논제의 요구에 결론부터 쓰고, 그 요구사항에 따라 독해한 제시문의 내용을 바탕으로 대립구도, 주제문을 작성하여 차별화된 답안을 구성해보자.

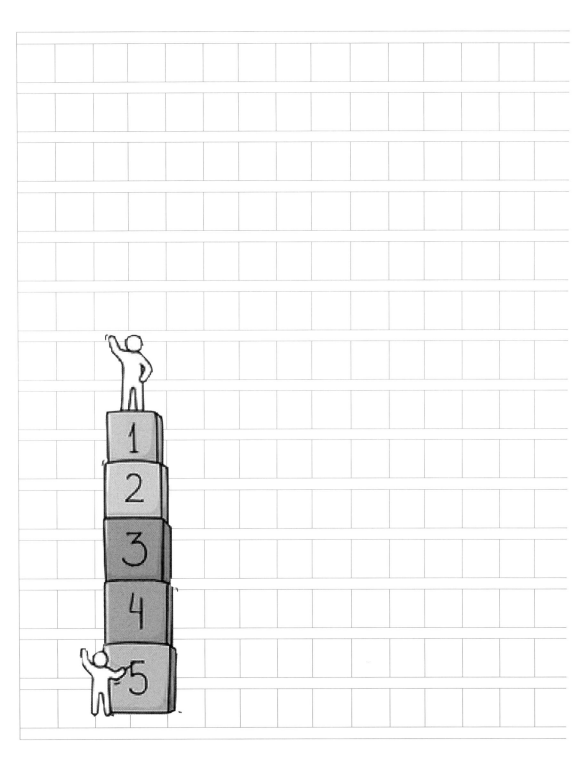

Chapter 3

명문대 합격생들의
7가지 논술 비법

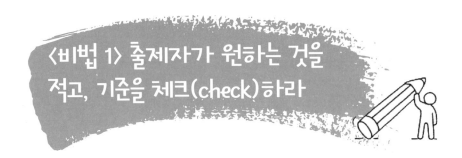

<비법 1> 출제자가 원하는 것을 적고, 기준을 체크(check)하라

예술가는 자신의 작품의 주인인가?

이 문제는 어느 해 출제되었던 프랑스 바칼로레아 철학시험 문제다. 술술 답을 써내려가는 건 고사하고 개요를 짜는 일부터 힘들 것이다. 다시 말하지만, 이 시험을 치기 위해서는 초등학교 때부터 철학, 역사, 인문, 예술 등에 관한 철저한 독서와 수업이 바탕이 되어야 한다.

따라서 이런 유형의 문제는 현재 대한민국의 논술시험에서 출제되기 어렵다. 그러므로 대한민국 대입 논술 문제는 '제시문'과 '논제'를 준다. 특히 '논제'에는 '출제자의 의도'와 '(판단)기준'이 들어 있다. 이걸 찾아내서 정리하면 논술시험의 답안작성이 쉬워진다. 다음 2015년 한양대학교 기출문제를 보면서 설명한다.

[문제] 다음은 추사 김정희의 작품 「세한도(歲寒圖)」이다. (가)를 참고하여 (나)에서 제시된 방법에 따라 「세한도」의 의미를 해석한 다음, (나)와 같은 관점의 문제점을 (다)를 바탕으로 지적하고, (다)와 같은 관점에서 「세한도」의 '집'을 중심으로 자신이 감상한 바를 간략하게 서술하시오.(1000자)

　(가) 지난해엔 [만학(晩學)]과 [대운(大運)] 두 책을 보내오고 올해에는 또 [우경문편(藕畊文編)]을 보내주니 이 책들은 모두 세상에 늘 있는 것이 아니로다. 천만 리 먼 북경에서 사왔고 여러 해에 걸쳐서 얻은 것이니 일시에 가능했던 일도 아니다. 지금 세상의 물결은 온통 권세와 이익만을 좇는데 이런 일에 그처럼 마음과 힘을 쏟았으니 이는 권세와 이익을 좇지 않음이다. 외려 세상 사람들이 잇속을 좇듯 바다 밖 초췌한 사람에게 마음을 준 것이다. 사마천이 이르기를, 권세와 이익으로 만난 이들은 권세와 이익이 다하면 사귐이 멀어진다고 하였다. 그대 또한 도도한 세상 물결 중의 한 사람이거늘 그러한 잇속 밖으로 벗어났으니, 권세와 이익으로 나를 대하지 않는 것인가, 사마천의 말이 틀린 것인가! 공자께서

는 "날씨가 추워진 뒤에야 소나무와 잣나무가 늦게 시듦을 알게 된다."
라고 하셨다. 송백(松柏)은 추워지기 전이나 뒤나 똑같은 송백이건만, 성
인께서 특별히 '날씨가 추워진 뒤'를 힘주어 말씀하셨다. 이제 그대가 나
를 대함은 예전이라고 더 잘한 게 없고 뒤라고 더 소홀히 한 것도 없으
니, 예전의 그대야 일컬을 게 없지만 이후의 그대는 성인에게서 칭찬받
을 만하지 않은가! 성인께서 특별히 일컬으심은 그저 뒤늦게 시드는 정
절과 지조 때문만은 아닐지니, 또한 날씨가 추워진 때에 느껴 일어난 바
가 있기 때문이다. 아, 풍속이 순후했던 전한(前漢) 시대 급암(汲黯)과 정
당시(鄭當時)처럼 어진 사람도 빈객이 그들의 형편에 따라 모이고 흩어
지곤 했다. 그래도 하규(下邽)의 적공(翟公)이 대문에 써 붙인 말 [*주: 한
사람은 죽고 한 사람은 살았을 때, 한 사람은 가난하고 한 사람은 부유할
때, 한 사람은 신분이 높고 한 사람은 신분이 낮을 때, 그 사귐의 정과 태
도를 볼 수 있다.]은 박절하기가 그지없다. 슬프다, 완당 노인은 쓰노라.

[도움말] 「세한도」는 추사 김정희가 제주도에서 5년째 유배 생활을 하던 1844
년, 자신을 대하는 제자 이상적의 한결같은 마음에 감격하여 그에게 그려 보낸 작
품이다. 추사는 그림 왼편에 따로 공간을 마련하여 「세한도」의 창작 경위를 위와
같이 적었다. 당시 추사의 나이는 59세였다.

(나) 도상학(iconography)이라는 용어는 두 개의 그리스 단어, '이미지'
를 뜻하는 '에이콘(eikon)'과 '기록하기'를 뜻하는 '그라페(graghe)'에서 유
래했다. 이러한 어원에서 알 수 있는 것처럼 이미지는 커뮤니케이션을
하기 위해 제작된 것이라는 관점에서 이미지가 전하고자 하는 메시지를

해석하는 것이 바로 도상학이다. 이
를 위해 도상학자들은 예술 작품에
나타난 정보를 있는 그대로 기술하
는 단계에서 출발해, 관습적 의미를
중시하여 문헌 자료와 지식을 통해
작품의 주제나 개념을 이해하는 단
계를 거쳐, 궁극적으로는 국가, 시
대, 종교, 철학적 신조 등을 파악하
여 작품의 본질적 의미를 해석하는 것으로 나아간다. 요컨대 도상학자들
에게 회화 작품은 단순히 '바라보는 것'이 아니라 메시지를 '읽어내야' 하
는 대상인 것이다. 이를 위해 도상학자들은 문화적 코드를 정확하게 독
해하여 작가의 의도를 복원하는 데 주력해야 한다.

　1305년에 제작된 조토의 프레스코화 〈성탄〉을 보자. 헛간에서 한 여
자가 천으로 짠 어린애를 어머니에게 넘겨주고 있으며, 그 앞에는 나이
든 남자가 졸고 있고, 주변에 황소와 당나귀, 흰 양 여섯 마리와 검은 염
소 한 마리가 있다. 그런데 관습적으로 보면 이 그림은 《성경》을 토대로
한 작품으로서 그림 속의 어머니는 마리아, 그 앞의 남자는 요셉, 헛간은
마리아가 예수를 출산한 마구간을 의미하는 것으로 이해해야 된다. 하지
만 이 작품에서 해산을 마친 마리아는 깨어 있는데 요셉은 앉아서 졸고
있는 것을 어떻게 해석할 것인가? 그리스도의 실제 아버지는 신이지 요
셉이 아니기 때문에 기독교적 가치관에 따르면 속세의 아버지인 요셉을

성탄이라는 상징적 사건에서 중요하게 다룰 수 없기 때문인 것이다.

(다) "이 구두라는 도구의 밖으로 드러나나 내부의 어두운 틈으로부터 들일을 하러 나선 이의 고통이 응시하고 있으며, 구두라는 도구의 실팍한 무게 가운데는 거친 바람이 부는 넓게 펼쳐진 평탄한 밭고랑을 천천히 걷는 강인함이 쌓여 있고, 구두 가죽 위에는 대지의 습기와 풍요함이 깃들여 있다. (……) 이 구두라는 도구에 스며들어 있는 것을 빵의 확보를 위한 불평 없는 근심과 다시 고난을 극복한 뒤의 말없는 기쁨과 임박한 아기의 출산에 대한 전전긍긍과 죽음의 위협 앞에서의 전율이다. 이 구두라는 도구는 대지에 속해 있으며, 촌 아낙네의 세계 가운데서 보존되고 있다."

빈센트 반 고흐의 〈구두〉에 대한 독일 철학자 마르틴 하이데거의 글이다. 그에 따르면 예술은 예술가의 주관성의 표현이 아니다. 예술의 본질은 좀 더 깊은 근원에서 흘러나오는 것이다. 그림이란 다른 무엇이기 이전에 우선 물감이다. 하지만 그와 동시에 그림은 이런 '사물적 차원을 넘어서는 또 다른 어떤 것'이며 이 '다른 어떤 것'이 바로 예술의 본질을 이룬다. 하이데거에게 중요했던 것은 작가의 의도가 아니라 작품 그 자체가 말하게 하는 것, 곧 구두로 하여금 말을 하게 내버려두는 것이다. 그리하여 고흐의 그림은 구두라는 도구가 진정으로 무엇인지를 열어 보여준다. 그 결과 구두에 대한 관습적인 생각 속에 감추어져 있던 구두라는 존재의 참 모습이 드러나게 된다.

이처럼 하이데거의 견해에 따르면 예술의 진리란 근대 미학에서 말하는 재현으로서의 진리를 의미하는 게 아니다. 재현의 진리는 묘사 대상이 되는 존재자와의 일치, 곧 모방의 진리를 뜻한다. 하지만 작품 속에 정립되는 진리는 은폐된 진리를 드러내는 개시의 진리인 것이다. 작품을 현실 속 대상의 모방으로 바라보고, 그 대상을 작가 관련 맥락 속에 귀속시키고, 나아가 작가의 자의식의 표현으로 바라보는 것, 이것이 근대 미학의 특징이며 하이데거가 무너뜨리고자 했던 바로 그것이다.

첫째, 출제자의 의도를 확인하라

'출제자는 설계도를 미리 그려 놓는다.' 그럼 그 설계도가 어디에 있냐고? 논제(문제)에 들어 있다. 그렇다면 일단 시험 출제자가 묻고자 하는 내용(논제)을 분석하여 설계도를 확인할 필요가 있다(문제의 쉼표를 기준으로 분리하면 쉽다).

1. (가)를 참고하여 (나)에서 제시된 방법에 따라 세한도의 의미를 해석(쟁점)하라. (300자)

2. (나)와 같은 관점의 문제점을 (다)를 바탕으로 지적(쟁점)하라. (300자)

3. (다)와 같은 관점에서 세한도의 '집'을 중심으로 자신이 감상한 바를 간략하게 서술(쟁점)하라. (400자)

위의 1~3의 마지막에는 적어야 할 글자 수를 대략적으로 배치했다. 균형 있는 글을 쓰기 위해서 어느 정도의 분량으로 글을 쓸지 '쟁점'을 중심으로 글자 분량을 배분하는 것이다. 아직도 막연하게 느껴진다면 문제를 더 나누어 보자.

1) (가)의 내용을 파악하라

2) (나)에서 제시된 방법을 파악하라

3) 위의 1), 2)를 바탕으로 세한도의 의미를 해석하라

4) (다)의 내용을 파악하라

5) (나)와 같은 관점의 문제점을 (다)를 바탕으로 지적하라

6) (다)와 같은 관점에서 세한도의 '집'을 중심으로 자신이 감상한 바를 간략하게 서술하라

논제를 더 나누니 자세한 논제분석이 되었다. 이제는 순서에 따라 논제가 요구하는 바를 글로 채우면 된다. 여기서 위의 1)~6)이 '출제자의 관점'이며 '요구사항'이다. 그러므로 수험생은 위의 1)~6)에 대한 답을 하고 정리한 다음, 1)~6)을 유기적으로 엮어 한편의 글을 쓰면 된다. 이 과정이 어려운가? 전혀 어렵지 않다. 고난이도 수학문제 풀기보다 쉽고, 수학능력시험

국어 객관식 문제 풀기보다 쉽다. 다만 글을 써야 한다는 것이 관건인데, 이것은 논증의 구조에 따라 '결론부터 써라'는 원칙에 충실하면 쉽게 쓸 수 있다.

정리해보자. 출제자가 원하는 것을 적는다는 것은 무엇인가? 그 답은 논제의 요구조건에 답을 한다는 의미이다. 논제를 나눈 뒤, 그것에 조목조목 답변하고, 그 답변에 대해 뒷받침하면 된다.

둘째, (판단)기준을 체크하라

위의 1)~6)에서 3), 5), 6)을 다시 보자.

3) 위의 1), 2)를 바탕으로 세한도의 의미를 해석하라

5) (나)와 같은 관점의 문제점을 (다)를 바탕으로 지적하라

6) (다)와 같은 관점에서 세한도의 '집'을 중심으로 자신이 감상한 바를 간략하게 서술하라

밑줄 친 부분을 보자. 공통점이 있다. 뭘까? 이 부분들은 '**어떤 기준**'을 제시하고 있다. 위의 3), 5), 6)을 약간 변형해보자.

1) (가)의 내용과 (나)에 제시된 방법(**기준, 개념**)에서 → 세한도의 의미를 해석(**적용**)

2) (다)를 바탕(**기준, 개념**)으로 → (나)관점의 문제점 지적(**적용**)

3) (다)와 같은 관점(**기준, 개념**)에서 → 세한도의 '집'을 중심으로 자신
   의 감상을 서술(**적용**)

즉, 이 문제는 그냥 '세한도의 의미를 해석'하고, '(나)와 같은 관점의 문제
점을 지적'하고 '세한도의 집을 중심으로 자신이 감상한 바를 서술'하는 것
이 아니다.

'(가)의 내용과 (나)에 제시된 방법, '(다)를 바탕', '(다)와 같은 관점' 이라는
기준이나 **개념**을 어떤 **대상**에 **적용**하는 방식으로 문제가 구성되어 있다.
우리나라 논술문제의 70% 이상은 이런 스타일이다.

그렇다면 '**기준**'을 잘 정리하고, 그 기준을 적용할 **대상**의 핵심 논지를 잘
파악한 것만으로도 답안 작성이 무척 용이해진다. 왜냐하면 이제 적용만
하면 되기 때문이다. 비유를 들면, 글로 적는 시험이라 숫자만 없을 뿐 **수
학공식(기준)을 대입(적용)해서 응용문제(대상)를 푸는 것**과 같은 이치라고
할까?

 합격을 위한 한마디

대한민국 논술시험에는 어떤 기준과 관점을 가지고 대상에 적용하는
문제가 많이 출제된다. 따라서 '기준'과 '관점'을 잘 정리하는 것
만으로도 논술문제 풀기의 실마리가 쉽게 잡힌다.

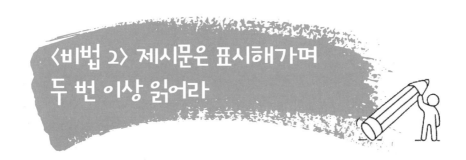

〈비법 2〉 제시문은 표시해가며 두 번 이상 읽어라

잔인한 이야기겠지만, 시험의 본질은 수험생을 '떨어뜨리기 위한 것'이라고 생각한다. 내가 어려우면 남도 어렵고 내가 쉬우면 남도 쉬운 게 시험의 속성이다. 그러니 수험생들은 시험장에서 '나만 어려운 게 아닐 거야!'하는 생각을 품는 게 심리적으로 이롭다.

논술시험에서도 마찬가지다. 특히 처음 제시문을 볼 때, '나만 어려운 게 아닐 거야!'하는 생각을 갖는 게 좋다. 왜냐하면 출제자는 독해가 어려운 제시문을 일부러 처음에 배치하는 경우가 많기 때문이다. 여러분이 출제자라도 그렇게 하지 않겠는가?

그러므로 수험생들은 제시문의 지엽적인 내용을 이해하려고 애쓰기보다는, 핵심내용을 파악해서 어떤 관계로 얽혀 있는지를 고민하는 편이 훨씬 낫다.

제시문 간의 연결을 이해하기 위해서는 '제시문 독해'가 전제되어야 한다. 효율적인 독해방법은 '표시해가며 두 번 이상 읽으라'는 것이다. 표시의 방법으로 괄호를 치든, 꺾쇠표시를 하든, 밑줄을 여러 색으로 치든, 첫 번째와 두 번째, 그 이상의 표시방법이 조금씩 다르면 된다.

앞서 나왔던 2015년 한양대학교 문제 (나)제시문을 예로 들어 보자.

(나) 도상학(iconography)이라는 용어는 두 개의 그리스 단어, '이미지'를 뜻하는 '에이콘(eikon)'과 '기록하기'를 뜻하는 '그라페(graghe)'에서 유래했다. 이러한 어원에서 알 수 있는 것처럼 이미지는 커뮤니케이션을 하기 위해 제작된 것이라는 관점에서 이미지가 전하고자 하는 메시지를 해석하는 것이 바로 도상학이다. 이를 위해 도상학자들은 예술 작품에 나타난 정보를 있는 그대로 기술하는 단계에서 출발해, 관습적 의미를 중시하여 문헌 자료와 지식을 통해 작품의 주제나 개념을 이해하는 단계를 거쳐, 궁극적으로는 국가, 시대, 종교, 철학적 신조 등을 파악

하여 작품의 본질적 의미를 해석하는 것으로 나아간다. 요컨대 도상학자들에게 회화 작품은 단순히 '바라보는 것'이 아니라 메시지를 '읽어내야' 하는 대상인 것이다. 이를 위해 도상학자들은 문화적 코드를 정확하게 독해하여 작가의 의도를 복원하는 데 주력해야 한다.

1305년에 제작된 조토의 프레스코화 〈성탄〉을 보자. 헛간에서 한 여자가 천으로 짠 어린애를 어머니에게 넘겨주고 있으며, 그 앞에는 나이 든 남자가 졸고 있고, 주변에 황소와 당나귀, 흰 양 여섯 마리와 검은 염소 한 마리가 있다. 그런데 관습적으로 보면 이 그림은《성경》을 토대로 한 작품으로서 그림 속의 어머니는 마리아, 그 앞의 남자는 요셉, 헛간은 마리아가 예수를 출산한 마구간을 의미하는 것으로 이해해야 된다. 하지만 이 작품에서 해산을 마친 마리아는 깨어 있는데 요셉은 앉아서 졸고 있는 것을 어떻게 해석할 것인가? 그리스도의 실제 아버지는 신이지 요셉이 아니기 때문에 기독교적 가치관에 따르면 속세의 아버지인 요셉을 성탄이라는 상징적 사건에서 중요하게 다룰 수 없기 때문인 것이다.

위의 (나)에서 파랑으로 밑줄 친 부분은 처음 읽을 때 핵심이라 생각해서 그은 것이고, 검은색 밑줄은 두 번째 읽으면서 중요하다고 생각한 부분을 줄 친 것이다. 편하게 읽어 나가면서 핵심이라고 생각하는 내용에 줄을 긋는다. 이 과정에서 두 번 이상 표시한 부분에 핵심이 들어 있을 거라고 스스로 믿어야 한다.

일본 메이지대학 문학부 교수인 사이토 다카시는《삼색 볼펜 초학습법》에서 중요도의 순서에 따라 녹색, 파란색, 빨간색의 세 가지 색으로 줄을 치면서 책을 읽으면 효율적이라고 말한다. 사이토 다카시 교수의 말처럼, 제시문에도 중요도에 따라 색깔을 바꾸어가며 표시하는 방법도 괜찮을 것이다. 그러나 세 번씩이나 다른 색깔을 지문에 표시하면, 시간이 많이 든다. 그러므로 다른 표시들, 밑줄과 꺾쇠표시, 괄호를 사용해서 두 번 이상 읽는다면 하나의 색깔만 사용해도 무방할 것이다.

거듭 강조하지만, 필자가 제시문에 표시한 부분과 이 책을 읽는 학생들이 제시문에 밑줄 친 부분이 다르다고 해서 신경 쓸 필요는 없다. 제시문을 표시하며 읽는 이유는 핵심을 간파하기 위해서다. 따라서 줄 그은 부분이 서로 다르더라도 그 부분에 핵심내용이 어느 정도 포함되어 있으면 충분하다. 걱정하지 말고 중요하다고 생각하는 부분에 과감히 줄을 긋자.

그런데, 보통 제시문의 핵심은 '어떤 부분'에 존재하는 경우가 많았다. 그 '어떤 부분'이란 어디일까? 그 부분을 찾기 위해서는 글쓴이가 단락이나 문장에서 강조하는 부분이 어디인지 '힘'을 느끼려고 하면서 읽어야 한다. 그런데 그 '힘'은 다음과 같은 곳에 주로 들어 있다.

1. 각 단락의 첫 문장과 마지막 문장

글쓴이가 첫 문장과 마지막 문장에서는 글쓴이가 핵심내용을 나타낼 가능성이 높다.

2. '그러나', '하지만' 과 같은 역접관계를 나타내는 접속부사 뒤

역접의 접속부사는 앞의 내용과 뒤의 내용이 서로 다를 때 쓴다. 이때, 글쓴이는 접속부사 뒤에 핵심을 주로 드러낼 것이다.

3. '그러므로', '그래서' 와 같은 인과관계를 나타내는 접속부사 뒤

이 접속부사들의 앞의 내용은 '원인'에 대해 말한다. 그러나 접속부사 뒤

의 내용은 '결과'를 이야기하고 있기 때문에 앞서 나온 내용들을 압축, 정리하고 있을 것이다.

4. A는 B가 아니라 C라는 형식의 문장에서 C

예) 오늘날 너의 성적 문제는 학습량의 문제가 아니라 방법의 문제(C)다.

이제 위 제시문 (나)를 두 번 이상 읽으며 밑줄 친 부분들을 나열해보자.

도상학 / 정보를 있는 그대로 기술하는 단계에서 출발해, 관습적 의미를 중시하여 문헌 자료와 지식을 통해 작품의 주제나 개념을 이해하는 단계를 거쳐, 궁극적으로는 국가, 시대, 종교, 철학적 신조 등을 파악 / 작품의 본질적 의미를 해석 / 회화작품은 '바라보는 것'이 아니라 메시지를 '읽어내야' 하는 대상 / 문화적 코드를 정확하게 독해하여 작가의 의도를 복원

이제, 줄 그은 것을 바탕으로 (나)제시문을 정리(요약)해보자. 이때의 요약도 '출제자의 요구조건'에 부합해야 한다.

(나)의 내용

결론 : (나)는 도상학적 방법에 대해 설명

근거 : 이 방법은 작품의 시대적 배경과 작가의 처지 등을 고려하고, 내재되어 있는 메시지를 읽어내어 작가의 의도를 복원하는 것을 바탕으로 함

이때, 제시문을 두 번 이상 표시한 것을 보며 '머릿속으로' 요약훈련을 하면 효과적이다. 실제 시험에서는 밑줄 그은 부분을 논술 시험지의 여백에 또 옮긴 다음 정리할 시간이 없다. 그러므로 제시문에 표시된 부분만 보고서도 중요한 부분을 찾아 '생각으로' 요약하는 연습을 하는 것이다. 처음에는 힘들 수도 있지만, 반복해서 연습하면 요약할 내용이 대략 머리에 떠오른다. 그 구체적인 방법은 표시한 부분을 보면서 가장 중요한 부분(결론)을 먼저 떠올리고, 나머지 줄 그은 부분 중에서 핵심을 발췌해 근거를 이루는 문장들을 만드는 것이다.

합격을 위한 한마디

자신이 중요하다 생각되는 부분에 밑줄이나 기타의 표시를 해가며 두 번 이상 읽으면, 특별한 사정이 없는 한 그 표시한 부분들에 핵심이 들어 있다. 그 부분들을 잘 정리하면 요약이 된다.

<비법 3> 대결(대립)구도를 예상하며 표를 그려라

　여러분은, 대한민국에서 여자도 남자처럼 의무적으로 군 복무를 하는 것에 찬성하는가, 반대하는가? 만약 반대한다면, 군 복무를 마친 남성들에게 각종 시험에서 가산점을 부여해야 하는가, 말아야 하는가? 또, 일본 정부와 위안부 문제를 외교적으로 종결하는 것이 타당한가, 타당하지 못한가? 만약 타당하지 못하다고 생각한다면 위안부 '소녀상'을 전국의 관청마다 설치하는 것은 찬성하는가, 아니면 반대하는가?

　위의 문제들에 대해 찬성하는 사람도 있고 반대하는 사람도 있을 것이다. 이 문제들은 한순간에 발생한 문제도 아니거니와, 우리 사회 구성원들이 끊임없이 다투는 문제들이기 때문이다. 이처럼 대립구도가 형성되므로 갈등이 생기고, 갈등이 존재하니까 '어떻게 해결하면 좋을까?'하는 문제의식이 생긴다. 논술도 마찬가지이다. 어떤 문제든 출제자는 관점이나 견해의 대립된 상황을 던져준다. 그래서 이 대립구도를 잘 파악하면 출제자의 의도를 파악하기가 수월한 것이다.

'대립구도'란 무엇인가?

언어학자 소쉬르는 다음과 같이 말했다. 다소 어려운 이야기지만, 핵심은 문장의 뒤쪽에 있다

"대상이 관점을 선행하기는커녕, 관점이 대상을 만들어 내는 것 같은 인상이다. 더구나 문제의 현상을 고찰하는 이 여러 가지 방식 중, 어느 것이 나머지에 비해 선행하거나 우월하다고 예견할 수 있는 근거는 전혀 없다. 또한 어떠한 방식을 채택하든지 간에, <u>언어현상은 언제나 두 가지 면을 보여 주는데, 이 둘은 서로 상응하며, 상대편 존재에 의해서만 각자의 가치가 있게 된다.</u>"

간단히 말하면, 언어현상은 2가지 면을 보여주고, 각자의 면은 '상대편 존재'에 의해서만 가치가 있는 존재가 된다는 뜻이다. 따라서 세계나 사회, 개인의 갈등을 주제로 삼는 논술문제들도 '반대편(적:敵)의 존재'와 대립하는 언어형태를 취한다. 따라서 '어떤 대결(대립)구도로 구성되어 있을까?'하는 생각으로 제시문을 읽는다면 출제자의 의도를 쉽게 알아차릴 수 있다. 또 대결구도의 세부내용을 표로 정리한다면 논술의 응용문제인 비교, 비판 문제에도 쉽게 적용이 가능하다.

그렇다면 예술작품 감상방법을 다뤘던 2015년 한양대학교 문제에서 〈세

한도〉의 대립구도는 무엇인가? '도상학'의 해석방법과 '마르틴 하이데거'의 해석 방법이 '대립'하고 있다. 출제자는 예술작품을 감상하는 데 있어 '도상학'과 '하이데거'의 두 가지 방법론의 대립구도를 양축의 뼈대로 세운 다음 논술 문제를 구성했을 것이다. 그렇다면 다음 한양대학교 2016년 모의고사 (가)의 '대립구도'는 무엇인지 찾아 정리해보자.

 <u>2016년 한양대학교 모의고사</u>

(가) 에펠탑에 의해 표현된 시간이 찰나요, 규칙적인 째깍거림, 천편일률적인 24시간으로 이루어진 하루였다면, 프루스트의 소설에서 표현되는 시간은 때로는 하루가 287쪽이나 이어지고 또 때로는 몇 년이 속삭임 한 번 없이 지나쳐 버릴 수 있을 만큼 다양했다. 이렇게 시간은 한 편으로는 더할 수 없이 공적이고 획일화되었으며, 또 한편으로는 프루스트에게서처럼 더할 수 없이 사적이고 독특하고 그 영혼만의 시간으로 국한되었다. 절대적이고 직선적이고 연대기적이며 수량화될 수 있는 시간을 주관하는 신은 크로노스였다. 또 다른 시간의 신, 훨씬 다채롭고 파악하기 힘든 카이로스가 있었다. 권력은 크로노스에 매우 우호적이며, 고도의 정치력을 발휘하여 동시성을 추구한다. 파시스트 국가들의 거대한 규모의 일사불란한 체조에서부터 하일 히틀러 경례에 이르기까지, 전체주의 국가들은 이 동시성을 찬양해마지 않는다. ㉠ <u>동시성은 개인을 집단 속에 포섭하고자 하는 전체주의의 욕구를 잘 보여줄 뿐 아니라, 갖가지 고유의 시간들을 단일한 세계시간으로 희석시켜 버리려는 목적을 감추고</u>

<u>있다.</u> 이에 반해 카이로스는 타이밍의 신, 기회의 신이요 행과 불행, 길조와 흉조 같은 시간의 서로 다른 측면들의 신이었다. 질적인 시간이라고 할까? 카이로스적인 시간에는 대양의 밀물과 썰물의 흐름 같은, 사상과 음악의 이미지와 순간적인 예술적 영감의 들고남이 있다. ⓒ <u>만 가지 빛깔의 예술가들이 지배적인 크로노스적 시계 시간의 헤게모니에 오랫동안 저항해 온 것은 당연하다.</u>

위의 제시문의 주제는 '시간'이다. 그런데 이때 '시간'은 두 가지 대립된 개념으로 나뉜다. 바로 '크로노스'와 '카이로스'다. 그렇다면 크로노스와 카이로스의 내용이 어떻게 대립되어 있는지 표로 만들어 정리해보자.

크로노스	카이로스
절대적, 직선적, 연대기적 수량화 가능	질적인 시간, 다채롭고 파악하기 힘듦
동시성 추구	
규칙적, 천편일률적	타이밍의 신, 기회의 신
권력은 크로노스에 우호적	크로노스 시간에 저항
전체주의의 욕구	
단일한 세계시간	고유의 시간
파시스트 국가의 일사불란한 체조, 하일 히틀러	
에펠탑에 의해 표현된 시간	프루스트 소설에서 표현되는 시간
공적이며 획일화	사적이고 독특하고 영혼의 시간

또, 연습을 해보자. 다음은 한양대학교 2014년 모의고사 문제다.

 <u>2014년 한양대학교 모의고사</u>

（가） 이집트의 나우크라티스라는 도시에 테우트라는 신이 살고 있었다. 이 신은 인간에게 유용한 여러 가지를 발명했다. 그 중에서도 가장 위대한 발명품으로 내세운 것은 문자였다. 테우트는 으레 하던 대로 당시 이집트를 다스리던 타모스 왕에게 가서, 문자를 널리 쓰이게 해달라고 요청하면서 말했다.

"오, 위대한 왕이여, 이 발명품은 이집트인들을 더 지혜롭게, 또 더 잘 기억할 수 있게 해줄 것입니다. 이것은 기억과 지혜의 묘약입니다."

그러자 타모스 왕이 말했다.

"재주 많은 테우트 신이여, 우리 중의 한쪽은 유용한 발명을 하고 또 한쪽은 그 발명이 인간에게 이익이 될까 손해가 될까를 판단해야 하는 형편에 있습니다. 당신은 문자의 아버지로서 그것을 편애한 나머지 문자가 참으로 가지고 올 결과와는 반대되는 효과를 앞세워 나를 설득시키려 하고 있습니다. 당신은 문자가 기억에 도움이 된다고 말하지만, 내가 보기에는 그것을 배우는 사람의 망각을 부추길 뿐입니다. 그것을 배우면, 문자에만 의존하여 기억을 소홀히 하게 되고, 자신의 내적 능력에 의해 기억을 하려고 하는 것이 아니라 외적인 부호에 의해서만 기억을 하려고 할 것입니다. 그러므로 당신이 발명한 것은 기억의 약이 아니라 회상의 약입니다. 또 당신은 그 발명품이 지혜에 도움이 된다고 말하지만, 그것을 배우는 사람은 지혜의 실재가 아닌 <u>외양을 가지게 될 뿐입니다.</u> 그 발명품 때문에 사람들은 배움이 없이도 여러 가지를 주워듣게 되고, 실제로는 아무 것도 모르면서 <u>많이 아는 것처럼 보이게 됩니다.</u> 참으로 지혜있는 사람이 아니라 오직 스스로 지혜 있다고 생각하는 사람이 되어서, 그들은 가장 곤란한 상대가 될 것입니다."

여기에서는 무엇과 무엇이 대립구도를 이루고 있는가?

문자에 대해 테우트와 타모스 왕의 생각이 대립구도를 이루고 있다. 테우트 왕은 문자에 대해 긍정적인 생각을 한다. 기억과 지혜의 묘약이라고 부르고 있는 것이다. 반면에 타모스 왕의 문자에 대한 견해는 어떠한가? 문자는 망각을 부추길 뿐이고, 사람들로 하여금 지혜 있는 척하게 만든다며 부정적으로 바라보고 있다. 그러므로 다음과 같이 핵심을 정리할 수 있겠다.

테우트 신	타모스 왕
문자는 기억과 지혜의 묘약	문자는 사람의 망각을 부추길 뿐 문자를 배우는 사람은 지혜의 실재를 가지지 못하고 외양을 가질 뿐

이처럼 논술 문제는 대부분 대립구도의 형식을 갖추고 출제된다. 그러므로 수험생들은 시험장에서 '이 문제의 대립구도는 과연 무엇일까?'하고 찾아내려는 목적의식을 가지고 논제와 제시문을 바라본다면 출제의도를 쉽게 파악할 수 있는 것이다.

논술의 제시문, 수능 국어 지문, EBS국어 문제의 지문을 펼쳐놓고 '대립구도'를 확인해 보자. 어려운 논술문제의 제시문과 국어 지문은 대부분 '대립구도'의 형태로 글의 내용이 구성되어 있을 것이다.

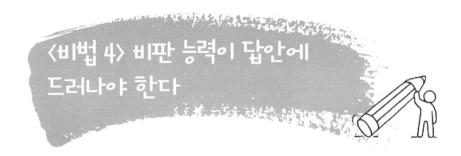

〈비법 4〉 비판 능력이 답안에 드러나야 한다

논술에서 비판은 무엇일까? 비판이란 사물의 옳고 그름을 판단하여 밝히거나 잘못된 점을 지적하는 일이다. 간단히 말하면 '어떤 기준'을 가지고 상대방의 주장이나 이유를 조목조목 공격해서 옳고 그름을 따지면 된다.

비판은 '그름', 즉 '잘못된 것'을 지적하는 데 집중된다. 그렇다면 잘못된 점을 지적하기 위해서는 무엇이 우선되어야 할까? 일단 '어떤 내용'을 기준으로 '어떤 대상'을 비판할 것인지 정리되어야 한다. 비판은 상대방의 결론(주장)이나 근거(이유)의 잘못된 점을 밝히는 것이다.

다시 2015년 한양대학교 모의고사 〈세한도〉논제를 예로 살펴보자.

[문제] 다음은 추사 김정희의 작품 〈세한도(歲寒圖)〉이다. (가)를 참고하여 (나)에서 제시된 방법에 따라 〈세한도〉의 의미를 해석한 다음, (나)와 같은 관점의 문제점을 (다)를 바탕으로 지적하고, (다)와 같은 관점에서 〈세한도〉의 '집'을 중심으로 자신이 감상한 바를 간략하게 서술하시오.(1000자)

　　이 문제에서 '(나)와 같은 관점의 문제점을 (다)를 바탕으로 지적하고~'부분이 비판에 해당된다. 비판은 상대방의 결론이나 근거가 왜 틀렸는지 조목조목 지적하는 것이다. 자세히 살펴보면, 주장(결론)에 대한 비판, 이유(근거)에 대한 비판, 논리전개 과정에 대한 비판으로 나눌 수 있다. 그러므로 수험생들은 비판할 대상이 무엇을 최종적으로 이야기 하는지(결론, 주장), 그 이야기의 논거가 무엇인지(이유, 근거), 어떤 과정을 통해 결론에 이르는지를 먼저 정리해야 한다.

　　비판의 방향도 확인해야 한다. 문제에서 '(나)와 같은 관점의 문제점을 (다)를 바탕으로 지적하고~'라는 문제에서 말하기 때문에, **(다)의 하이데거의 예술작품 감상법이 기준이 되어 (나)의 도상학의 감상법의 문제를 비판해야 한다.**

　　주의할 점은, (나)의 도상학의 감상법이 기준이 되어 (다)의 하이데거의 예술작품 감상법을 비판하면 안 된다는 것이다. 도상학의 입장에서는, 하이데거의 작품해석론도 문제점이 있을 수 있다. 그러나 논제에서는 분명히 하이데거의 방법론에서 도상학을 비판하길 원한다.

　　그렇다면 정리해보자. 위 문제에서 비판의 '기준'은 무엇인가? 또 비판의

'대상'은 무엇인가? 그리고 기준과 대상은 각각 어떤 결론과 근거를 가지고 있는가?

> 1. 비판의 **기준** : (다), 하이데거의 작품해석 방법론
>
> 2. 비판의 **대상** : (나), 도상학의 작품해석 방법론
>
> 3. (나)와 같은 관점
>
> **결론** : (나)는 도상학적 방법
>
> **근거** : 시대적 배경과 작가의 처지 등을 고려해 내재되어있는 메시지를 읽어내는 해석방법
>
> 4. (다)의 내용 :
>
> **결론** : (다)는 하이데거의 예술작품 감상방법
>
> **근거** : 예술은 예술가의 주관을 표현한 것이 아니라, 그 작품이 보여주는 사물의 관습적 의미를 뛰어넘어 예술의 본질을 인식하는 것

그런데, (나)와 (다)는 서로 대립구도를 이루고 있었다. 그러므로 제시문을 읽으면서 애초부터 대립구도를 표로 정리해 놓았다면 비판하는 과정이 훨씬 쉬웠을 것이다. 제시문을 대립구도로 정리해 놓으면 비교와 비판 문제 풀기가 쉽다는 것을 기억해두자.

(나) 도상학 : 대상	(다) 하이데거 예술작품 감상법 : 비판 기준
예술 작품을 시대적 배경과 작가의 처지 등을 고려해 내재되어있는 메시지를 읽어내는 해석방법	예술은 예술가의 주관을 표현한 것이 아니라, 그 그림이 보여주는 사물의 관습적 의미를 뛰어넘어 예술의 본질을 인식하는 것

비판은 기준과 대상이 서로 다르다는 것만 밝혀서는 안 된다. 서로 다름을 밝히는 것은 비교일 뿐이다. 따라서 비판은 어떤 기준으로 대상이 '왜 잘못되었는지' 조목조목 따져야 한다. '왜 잘못되었는지'는 제시문에서 직접 밝히는 경우가 거의 없고, 수험생이 추론을 해야 될 때가 많다. 그러므로 수험생은 자료를 바탕으로 '왜 잘못되었는지'에 대해 깊이 생각해야 한다. 이때, 출제자는 비판 문제를 서술한 답안을 보며 수험생의 '비판 능력'을 엿볼 수 있는 것이다.

그렇다면 (다)에서 (나)는 어떻게 비판할 수 있을까? 예를 들어 정리해본다.

> **(다)를 바탕으로 (나)와 같은 관점을 지적(비판)하라 :**
> 도상학은 예술작품의 본질을 해석하는 것이 아니라 작가의 주관과 처지, 당대의 철학과 신조와 같은 주관적이고 세부적인 부분에 집중한다는 비판을 받을 수 있다. 그러므로, 이런 도상학의 방법으로는 시공간을 뛰어넘어 예술작품이 주는 본질적 의미를 파악하기 힘들다.

비판능력은 '왜 잘못되었는지'에 대해 조목조목 따지는 행위다.

수험생의 비판능력은 상대방의 주장(결론)이나 근거가 '왜' 잘못되었는지 조목조목 답안에서 밝힐 때 확인된다. 또한 비판의 대상과 기준이 되는 내용들이 서로 다른 것만을 보여주는 데서 그치지 말고 '왜 잘못되었는지'를 충분히 밝히는 데 초점을 두어야 한다. 비판에 대해 정리해보자.

1. 비판의 기준과 대상을 확인
2. 비판의 기준, 대상이 되는 내용의 주장(결론)과 이유(근거)를 정리
3. 비판은 비판받을 대상이 '왜 잘못되었는지'를 생각하여 구체적으로, 충분히 적기(비판의 대상과 기준이 서로 다른 내용이라는 것만 나열한 것은 비판이 아님)
4. 비판 대상의 주장(결론)과 이유(근거), 논리전개 과정을 따져봄

지하철을 타고 가다 보면, 가끔 '이 상품에 1억을 투자하면 3년 동안 매달 20% 수익을 확정 보장합니다'라는 유형의 광고들을 본다. 그런데 한번 생각해보자. 이 글을 읽고 있는 수험생의 부모님이 1억을 은행에 맡긴다고 가정해 보라. 은행 시중금리에 의하면 요즘은 1억을 맡겨도 한 달에 채 20만 원의 이자도 못 받는다.

그렇다면 이 광고에 대해 스멀스멀 의심이 솟아날 것이다. 1억을 투자해서 매달 200만 원을 3년 간 고정적으로 받을 수 있다고? 그 말이 사실이라면 그 광고주는 가족과 친척들을 모조리 끌어들여 거금을 대출받아 '남모르게' 투자를 할 것이지, 왜 공공연히 지하철에다 광고를 할까? 고급 정보를 막 나누어주는 자선 사업가일까? 생각건대 이 광고는 과장광고일 가능성이

높거나, 광고의 표면적인 내용과 달리 숨은 위험이 도사릴 가능성이 높다.

우리는 삶속에서 수많은 정보를 접한다. 상식적이고 합리적으로 생각해서 이상한 정보를 만나면, '남을 속이려는 의도'가 존재할 수 있다고 한번쯤은 '의심'해 보아야 한다. 이런 삶속의 사고(思考)방식도 일종의 비판 과정인 것이다.

논술시험의 비판 문제도 마찬가지이다. 어떤 제시문의 내용이라도 무작정 받아들이지 말고 '기준'을 가지고 비판 대상을 적극적으로 해체해 보아야 한다. 비판은 그 '적극적 읽기'의 하나로써 논제에서 제공한 기준을 통해 잘잘못을 따져보는 과정인 것이다.

 합격을 위한 한마디

'비판하라' 는 문제가 나오면 비판의 기준을 가지고 비판 대상이 '잘못되었다' 는 전제를 두고 그 주장 (결론) 과 이유 (근거) 를 조목조목 공격한다.

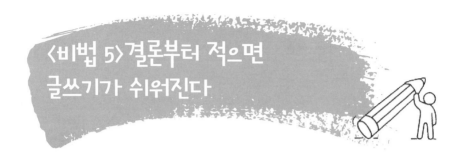

〈비법 5〉 결론부터 적으면 글쓰기가 쉬워진다

누군가에게 분쟁이 생겨 법원에서 재판이 진행된다고 가정하자. 이때 그 사건의 담당 판사는 재판의 결론을 언제쯤 내릴까? 우리는 보통 판사가 변호인과 피의자, 검사의 이야기를 종합적으로 듣고 마지막에 결과를 내릴 거라 생각한다.

그러나 현직에 있는 법조인들로부터 들은 이야기는 좀 다르다. 재판을 담당하는 판사들은 사건에 대한 자료를 미리 검토했기 때문에 대략적으로 '잠정적인 결론'을 갖고 있다고 한다. 그런 다음 검사의 심문과 변호사의 변론과 같은 재판과정 속에서 '잠정적인 결론'을 수정해 나갈 뿐이라는 것이다.

논술도 마찬가지이다. 앞에서도 강조했던 것처럼 논제(출제자)의 요구사항에 대해 결론을 먼저 쓰는 것이 중요하다. 즉, 쟁점이나 논점에 대한 '잠정적인 결론'을 먼저 쓴다. 그런 다음, 결론을 뒷받침하는 내용을 서술하면 된다.

앞서 다루었던 2015년 한양대학교 기출문제 〈세한도〉를 보면서 설명해 보겠다.(제시문은 이 책 87~91p를 참조하라)

[문제] 다음은 추사 김정희의 작품 〈세한도(歲寒圖)〉이다. (가)를 참고하여 (나)에서 제시된 방법에 따라 〈세한도〉의 의미를 해석한 다음, / (나)와 같은 관점의 문제점을 (다)를 바탕으로 지적하고, / (다)와 같은 관점에서 〈세한도〉의 '집'을 중심으로 자신이 감상한 바를 간략하게 서술하시오.(1000자)

이 문제를 맥락과 쉼표(,)를 기준으로 다음 처럼 나눌 수 있다.

1. (가)를 참고하여 (나)에서 제시된 방법에 따라 세한도의 의미를 해석하라
2. (나)와 같은 관점의 문제점을 (다)를 바탕으로 지적하라
3. (다)와 같은 관점에서 세한도의 '집'을 중심으로 자신이 감상한 바를 간략하게 서술하라

이때 문제의 쟁점은 '세한도의 의미를 해석', '(나)의 관점의 문제점을 (다)를 바탕으로 지적', '세한도의 집을 중심으로 자신이 감상한 바를 서술' 하라는 것이다. 이 문제를 쉽게 풀기 위해 논제를 더 세분화해보자.

1. (가)의 내용을 파악하라

2. (나)에서 제시된 방법을 파악하라

3. 위의 1. 2를 바탕으로 〈세한도〉의 의미를 해석(쟁점)하라

4. (다)의 내용을 파악하라

5. (나)와 같은 관점의 문제점을 (다)를 바탕으로 지적(쟁점)하라

6. (다)와 같은 관점에서 〈세한도〉의 '집'을 중심으로 자신이 감상한 바를 간략하게 서술(쟁점)하라

이제 제시문을 읽으면서 위의 1~6에 대한 내용(답)을 제시문에서 찾아 차근차근 정리해보자. 앞에서 우리는 제시문을 읽을 때 어떻게 읽으면 좋다고 했었는가? 자신만의 방법으로 표시하며 두 번 이상 읽는다고 말했다. 이때, 제시문의 밑줄 그은 부분 중에서 '논제의 요구사항'에 맞는 내용을 찾아 쓰고, 나머지 밑줄 그은 부분을 참고해서 근거를 들면 된다.

내용을 정리할 때 **쟁점 – 결론 – 근거**(이유)의 형식을 미리 갖추면 쉽다. 즉 위의 1. 2. 4.의 항목은 결론 – 근거(이유)의 형식으로, 3. 5. 6의 항목은 쟁점 – 결론 – 근거의 형식을 시험지의 여백에 미리 써 놓은 다음, 그에 해당하는 내용을 제시문에서 찾아 적는 것이다. 다음과 같이 정리해 보았다.

1. (가)의 내용을 파악하라

결론 : (가)는 〈세한도〉의 창작 경위

근거 : 김정희가 제자의 한결같은 마음에 감격한 내용 / 스승에게 의리를 다하는 제자에 대한 고마움

2. (나)에 제시된 방법(을 밝혀라)

결론 : 도상학

근거 : 시대적 배경과 작가의 처지 등을 고려, 내재되어있는 메시지를 읽
어냄

3. (가)를 참고하여 (나)에 제시된 방법에 따라 〈세한도〉의 의미를 해석하라

쟁점 : 〈세한도〉의 의미를 해석

결론 : 〈세한도〉는 추사의 외롭고 쓸쓸한 처지와 제자의 한결같은 마음
에 감격한 내용을 그림으로 표현

근거1 : 도상학은 예술 작품을 시대적 배경과 작가의 처지 등을 고려해
내재되어 있는 메시지를 읽어내는 해석 방법 / 황량한 벌판에 서
있는 네 그루의 나무와 무채색의 집은 세상과 단절된 김정희의
외로운 처지를 나타냄

근거2 : 집 앞에 나란히 곧게 서 있는 두 그루의 나무는 한결같은 의리를
지킨 제자 이상적과 자신의 모습

이처럼 처음부터 '**쟁점 – 결론(주장) – 근거(이유)**'의 틀을 가지고 제시문
의 내용을 정리한다면 답안을 쓸 때 결론쓰기가 강제된다. 그 결과, 논증의
구조로 글을 쓰게 되며 두괄식 문장이 된다.

4. (다)의 내용을 파악하라

결론 : 마르틴 하이데거의 작품 감상법

근거 : 하이데거에 따르면 예술은 예술가의 주관을 표현한 것이 아니라, 그 작품이 보여주는 사물의 관습적 의미를 뛰어넘어 본질을 인식하는 것

5. (나)와 같은 관점의 문제점을 (다)를 바탕으로 지적하라

쟁점 : (다)를 바탕으로 (나)관점의 문제점을

결론 : (다)를 바탕으로 볼 때 (나)는 비판받을 수 있다

근거 1 : 도상학은 예술작품의 본질적인 부분을 해석하는 것이 아니라 작품의 배경과 작가의 처지, 당대의 철학과 신조와 같은 주관적인 부분에 집중 / 작품에서 시간과 공간을 뛰어넘는 예술의 본질을 파악하기가 힘듦

근거 2 : 도상학의 방법론은 작품에 대한 배경지식이나 작가가 처한 시대적 환경 등을 모른다면 작품을 제대로 감상할 수 없음

6. (다)와 같은 관점에서 세한도의 '집'을 중심으로 자신이 감상한 바를 간략하게 서술하라

쟁점 : (다)의 관점에서 세한도의 '집'을 중심으로 자신이 감상한 바를 서술

결론 : 두 가지 정도

근거 : **첫째, 집주인은 외부와의 접촉에 신경 쓰지 않는다고 해석된다.** 왜냐하면 그림에서 집이 무채색이고, 창문이 없기 때문이다. 주인이 소통을 중요시 했다면 집의 기본적인 구성요소인 창문이 그려

져 있었을 것이다. **둘째, 집주인은 자신을 드러내지 않는 성향을 가졌다.** 집보다 나무들이 더 세밀하고 화려하게 묘사되어 있고, 그림에는 사람이 전혀 등장하지 않는 점에서 알 수 있다. 집 주인은 세상과 소통을 단절해도 자연과 함께 행복하게 살아갈 수 있다고 생각할 것이다.

7. 답안을 작성해보자

이제 위에 정리한 1~6을 종합하여 답안을 작성해보자. 정리 단계에서부터 (쟁점) — 결론 — 근거의 형식으로 메모해 두었기 때문에, 두괄식 문장으로 답안을 쓰기 편할 것이다. 출제자의 입장에서는 요구조건에 대한 '답(결론)'을 답안에서 쉽게 발견할 수 있어서 채점하기도 편리할 것이다.

여기서 주의할 점은 <u>답안을 작성할 때 제시문의 내용을 '그대로' 똑같이 옮겨 쓰지 않는 것이 좋다.</u> 제시문의 내용을 소화해서 자신만의 글로 답안을 작성해야 한다. 핵심어들은 그대로 사용하되, 문장은 자신의 글로 써야 한다.

세한도는 추사의 외로운 처지와 제자 이상적의 의리에 감격한 내용을 표현한 작품이다. 이는 (나)의 도상학에 따른 해석으로, 예술 작품을 시대적 배경과 작가의 처지 등을 고려해 메시지를 읽어내는 것을 방법으로 한다. 그러므로 황량한 벌판에 서있는 네 그루의 나무와 무채색의 집은 세상과 단절된 김정희의 외로운 처지를 표현했다. 또한 (가)의 창작경위를 참고하면 집 앞에 나란히 곧게 서 있는 두 그루의 나무는 한결같은 의리를 지킨 제자 이상적과 자신의 모습을 그린 것이다.

(다)는 하이데거의 예술작품 감상법이다. 하이데거에 따르면 예술작품은 예술가의 주관을 표현한 것이 아니라, 작품이 보여주는 사물의 관습적 의미를 뛰어넘어 본질을 인식하는 것이다. **이런 관점으로 볼 때 (나)의 도상학의 방법은 비판받을 수 있다.** 그 이유는 도상학의 방법이 예술의 본질적인 부분을 해석하는 것이 아니라 시대의 배경과 작가의 처지, 당대의 철학과 신조와 같은 주관적이고 세부적인 부분에 집중하기 때문이다. **따라서** 도상학으로는 시간과 공간을 뛰어넘는 예술의 본질을 파악하기가 힘들다. 그 결과 만약 감상자가 예술가에 대한 배경지식이나 시대적 환경 등을 모른다면 작품을 제대로 감상할 수 없다는 결론에 이를 수 있다.

(다)의 관점으로 〈세한도〉를 해석해 본다. 하이데거는 작품을 감상할 때, 창작자의 주관과 시대적 배경과 철학과 신조 같은 영향에서 벗어나 작품 그 자체가 주는 본질을 파악해야 한다고 말했다. 그런 관점에서 〈세한도〉를 보면 **첫째, 집주인은 외부와의 접촉에 신경 쓰지 않는다고 해석된다.** 왜냐하면 그림 가운데의 집이 무채색이고, 창문이 없기 때문이다. 주인이 소통을 중요시 했다면 집의 구성요소인 창문이 그려져 있었을 것이다. **둘째, 집주인은 자신을 드러내지 않는 성향을 가졌다.** 나무들이 집보다 더 세밀하고 화려하게 묘사되어 있고, 그림에는 사람이 전혀 등장하지 않는 점에서 알 수 있다. 집 주인은 세상과 소통을 단절해도 자연과 함께 행복하게 살아갈 수 있다고 생각할 것이다.

이처럼 출제자의 요구조건을 정리하고 답안을 쓰는 과정은 프라모델 장난감을 조립할 때 부속품을 나열한 다음, 설명서대로 차근차근 결합하는 과정과 비슷하지 않은가? 이때 중요한 점은 '결론(답)부터 정리하고, 결론(답)부터 쓰라'는 것이다.

다시 새끼오리들이 엄마오리를 졸졸 따라다니는 모습을 떠올려 보자. 이때 엄마오리가 결론(주장, 논지)이고 새끼오리는 근거(이유, 논거)라고 생각하면 된다. 자석과 못을 가까이 하면 못이 순식간에 달라붙는다. 이때 자석이 결론이고 못은 근거다. 이처럼 결론을 먼저 쓰면 근거들은 새끼오리나 자석의 못처럼 자연스럽게 따라 나온다. 결론에 해당되는 내용부터 찾고, 결론부터 쓰려고 노력하면 글쓰기가 쉬워짐을 명심하자.

합격을 위한 한마디

논제의 요구에 대해 결론(답)에 해당하는 내용부터 제시문에서 찾고, 답안도 결론부터 써라. 그렇다면 근거나 이유는 더 쉽게 제시문에서 찾을 수 있다.

<비법 6> 장난감 조립하듯, 단락들을 이어주는 연결고리를 만들어라

어떤 장르의 글이든, 글이란 처음부터 끝까지 '완결된 구조'로 독자에게 읽혀야 한다. 논술의 답안도 마찬가지이다. 논제의 요구조건을 분석하고, 그 조건에 답을 하는 것은 중요하지만, 기계적으로 답만 나열해 엮은 글은 좋은 답안이 못된다. 왜냐하면 평가하는 사람이 답안의 내용을 쉽게 이해하기가 힘들기 때문이다. 마찬가지로 결론에 대한 구체적인 이유가 없거나 단락 간 연결이 자연스럽지 못한 답안도 쉽게 읽을 수 없는 답안이다.

채점자는 수험생의 당락을 결정할 수 있다. 따라서 채점자가 읽기 쉽고, 채점이 용이하도록 답안을 작성하는 것도 능력이다. 이때, 글의 단락들이 따로따로 노는 느낌을 주지 않고 통일된 느낌을 주어야 한다. 그러므로 답안을 작성할 때 도움이 되는 몇 가지 '연결고리(장치)'를 기억해 둘 필요가 있다.

매끄러운 연결고리(장치)에는 어떤 것들이 있을까?

다음과 같은 '장치들'은 유기적인 한편의 글을 작성하는 데 도움이 된다. 꼭 기억해 두자.

1. 대립구도를 확인하고 주제문을 작성
2. 접속부사의 활용(그러나, 하지만, 그래서, 그러므로, 그리고, 또한 등등)
3. 주제와 관련 있는 예시나 주제문, 대립구도로 서론을 시작
4. 근거(이유)를 구체적으로 쓰려고 노력
5. 다른 제시문들을 서로 연결할 수 있는 공통점을 찾아 서술하기
6. 결론에서 주제를 재진술하기

일단, 대립구도를 확인하고 '주제문'을 작성하는 것이 선행되어야 한다. 주제문은 논술문제에 대한 '나의 생각'을 집약한 것이다. 어떤 주제를 다루던 간에 '나의 견해, 나의 주장'이 논술 답안에 주제문을 통해 들어 있어야 한다.

다시 2015년 한양대학교 〈세한도〉 문제를 예로 들어보자. 이 문제는 예술작품을 해석하는 데 있어 '하이데거 방법론'과 '도상학'이 대립구도를 이루고 있었다. 그래서 하이데거의 방법론에 동의하면서, 다음처럼 주제문을 작성해 보았다.

주제문 : 예술작품은 작가의 주관적인 영역을 뛰어넘고 시공을 초월해

서, 그 자체로 감상자에게 본질적인 의미를 던진다.

　주제문을 활용하여 서론과 결론을 쓰는 일은, 본론에서 쟁점을 어떻게 풀어나가겠다 하는 구상이 끝난 다음 진행한다. 쟁점이나 논점과 무관한 서론, 결론 쓰기는 무의미하기 때문이다. 그러므로 답안의 분량이 500자 이내의 논술문제는 서론, 결론 쓰기가 사실상 힘들며, 출제자의 요구조건(쟁점)에 대한 내용을 쓰는 것으로 충분한 경우가 많다.

　이제 연결고리를 적용해보자. 위의 1~6의 장치를 활용해서 2015년 한양대학교 수시 기출문제의 답안을 다시 고쳐보았다. 답안에서는 의문문의 형식으로 쟁점에 대한 서술을 시작했다. 또한 단락과 단락을 부드럽게 잇기 위해 접속부사를 활용했다. 출제자의 요구사항에 대한 근거를 구체적으로 쓰려고 노력했으며, 주제문을 재(再)진술해서 마지막에 적었다.

　세한도는 추사의 외로운 처지와 제자 이상적의 의리에 감격한 내용을 표현한 작품이다. 이는 (나)의 도상학에 따른 해석인데, 예술 작품을 시대적 배경과 작가의 처지 등을 고려해 메시지를 읽어내는 것을 그 방법으로 한다. 그러므로 황량한 벌판에 서있는 네 그루의 나무와 무채색의 집은 세상과 단절된 김정희의 외로운 처지를 표현했다. 또한 (가)의 창작 경위를 참고하면 집 앞에 나란히 곧게 서 있는 두 그루의 나무는 한결같은 의리를 지킨 제자 이상적과 자신의 모습을 그린 것이다.

　그러나 (다)의 하이데거의 방법론은 도상학과 다르다. 하이데거에 따르면 예술은 예술가의 주관을 표현한 것이 아니라, 그림이 보여주는 사물의 관습적 의미를 뛰어넘어 본질을 인식하는 것이다. **이 관점으로 볼 때 (나)의 도상학은 어떻게 비판받을 수 있을까?** 도상학은 시간과 공간을 뛰어넘어 예술작품 자체가 주는 본질적 의미를 파악하기 힘들 것이라고 비판받을 것이다. 그 이유는 도상학은 예술의 본질적인 부분을 해석하는 것이 아니라 시대의 배경과, 당대의 철학과 신조 같은 주관적이고 세부적인 부분에 집중하기 때문이다. 그 결과, 감상자가 예술가에 대한 배경지식이나 시대적 환경 등을 모른다면, 작품을 제대로 감상할 수 없다는 결론에 이를 수 있다.

그렇다면 **(다)의 하이데거의 방법으로 〈세한도〉는 어떻게 해석할 수 있을까?** 하이데거는 창작자의 주관과 시대적 배경과 철학과 신조 같은 영향에서 벗어나 작품 그 자체가 주는 본질을 파악해야 한다고 말했다. 그런 관점에서 〈세한도〉를 보면 첫째, 집주인은 외부와의 접촉에 신경 쓰지 않는다고 해석된다. 왜냐하면 그림 가운데의 집이 무채색이고, 창문이 없기 때문이다. 주인이 소통을 중요시 했다면 집의 구성요소인 창문이 그려져 있었을 것이다. 둘째, 집주인은 자신을 드러내지 않는 성향을 가졌다. 나무들이 집보다 더 세밀하고 화려하게 묘사되어 있고, 그림에는 사람이 전혀 등장하지 않는 점에서 알 수 있다. 집 주인은 세상과 소통을 단절해도 자연과 함께 행복하게 살아갈 수 있다고 생각할 것이다. **이처럼 세한도는 김정희가 그렸지만, 이 그림은 창작자의 주관과 시대적 배경을 넘어, 오늘날 우리에게 작품의 본질적인 의미를 던져주면서**

다양한 해석을 가능하게 한다.

합격을 위한 한마디

1000자 이상을 써야 하는 논술시험에서 답안이 남과 차별되고 싶다면
대립구도, 주제문을 확인해서 답안의 서론과 결론에 활용하면 좋다.

⟨비법 7⟩ 논술시험 문장쓰기에서 주의해야 할 몇 가지

이 장에서는 '문장쓰기'와 '답안의 형식적인 구성방법'에 대한 내용을 다룬다. 논술시험은 제한된 시간 내에 글을 쓰는 시험이다. 시험시간은 보통 2시간 이내에 실시된다. 시험시간이 고작 80분 혹은 90분에 불과한 대학도 있어서 수험생들은 시간의 압박을 상당히 크게 받는다. 그러므로 수험생들은 일단 명문장을 써야 한다는 압박감은 버리는 게 좋다. 그보다 자료가 주는 핵심을 정리하고, 출제자의 의도에 따라 시간 내에 답안을 서술하는 것이 중요하다.

첫째, 주어와 서술어가 서로 호응해야 한다

논술 답안을 첨삭하다 보면, 주어와 서술어가 호응이 안 되는 문장이 제일 많이 보인다. 또한 서술어는 있는데, 주어가 없는 경우도 많다. 그러나 시험장에서 정신없이 글을 쓰다 보면, 주어와 서술어의 호응관계를 일일이 확인하기가 힘들다. 그렇다면 어떻게 해야 할까? 방법이 있다. 원고지에 문장을 기술한 다음, 재빨리 머릿속으로 읽어보는 것이다. 이 방법에는 장점이 있다. 머릿속으로 빠르게 읽어가면서 자신이 쓴 문장의 내용을 확인하는 동시에 주어와 서술어의 '호응관계'도 확인할 수 있기 때문이다. 방금 썼던 문장을 읽기 때문에 다시 읽는 데 몇 초 걸리지도 않는다. 문장에서 주어와 서술어의 호응만 잘 돼도 어색하지 않다.

또한 주어와 서술어의 호응관계에서 서술어는 변화를 주는 것이 좋다. 하나의 단락에서 똑같은 서술어가 반복되면 그 글은 단조롭고 지루하다. 국어는 '동일한 표현을 싫어한다'는 것을 기억해두자. 또한 채점자도 재미없어 한다.

둘째, 문장은 '리듬'이 중요하다

문장에는 자신의 개성이 드러난다. 똑같은 논술시험 문제를 풀더라도 수험생들이 쓴 원고지가 채점자에게 주는 느낌은 실로 다양하다. 어떤 학생은 짧고 힘 있는 글을 쓰고, 또 다른 학생은 차분하고 부드러운 문장이 돋보인다.

문장은 리듬이 중요하다. 문장의 리듬은 긴 문장과 짧은 문장이 어우러질 때 생긴다. 길고 짧은 문장으로 단락을 이루면서 전체적으로 '리드미컬'한 느낌을 주는 것이다.

현실에서 수험생들의 문제는 문장을 너무 길게 쓴다는 데 있다. 문장을 짧게 쓰면 내용을 분명하게 전달할 수 있고 문체에 힘이 있다. 그렇지만 짧게 쓰는 '간결체'를 구사하는 것이 2시간 이내의 논술시험에서 쉽지만은 않다. 실제 논술시험에서 한 단락 전체를 하나의 문장으로 쓰는 학생도 많다. 이와 같은 '만연체' 글은 '리드미컬' 한 느낌을 주지 못한다. 문장이 끊어지지 않으면, 답안을 읽는 사람도 호흡이 가빠지므로 읽기가 힘들다.

그런데, 문장을 지나치게 짧게 쓰면 사고의 흐름이 단절되고 내용을 충분히 담기 어렵다는 단점이 생긴다. 원래 문장은 길게 쓴 다음 간결하게 다듬는 것이 좋다. 내용을 충분히 쓴 다음 수정해야 충분히 자신의 생각을 반영할 수 있다. 그렇지만 논술 답안은 한정된 시간 내에 작성해야 한다. 시간에 쫓기면 문장은 간결체가 아니라 만연체가 될 가능성이 더 높다.

그러면 글이 길어지지 않을 방법이 있을까? 있다. 글을 쓰기 전에 '논증의 구조'를 의식하면 된다. 논증의 구조를 미리 의식하고 글을 쓰면 문장이 길어지지 않는다. 답안을 작성할 때 되도록 결론이나 핵심을 먼저 쓰려고 노력하고, 그런 다음 이유나 근거(논거)를 제시하면 된다. 그렇게 되면 문장이 터무니없이 길어지는 것을 사전에 차단하고, 짧은 문장과 긴 문장들이 교차하면서 리듬 있는 문장을 구사할 수 있다. 즉, 논증으로 글을 쓰려고 노력하면 문장의 리듬감도 살아나는 것이다.

뒷받침문장(근거, 이유)들도 길게 쓰지 말고 가급적이면 짧게 표현한다. 뒷받침 문장에 써야 할 내용이 많다면 어떻게 해야 할까? 근거의 숫자를 여러 개 두면 된다. 하나의 근거로 부족하면, 두 개의 근거를 들어 서술한다. 대체로 1000자 쓰기 논술문제에서는 쟁점마다 하나의 결론 문장과 두 개의 근거 문장을 두면 적당하다. 또한 500~800자 전후의 문제는 소 쟁점(논점)

마다 결론과 근거 각각 하나씩의 문장이 읽기 좋다. 그러나 이런 구성은 정해진 것이 아니니 참고만 해두자.

셋째, 원고지 쓰는 법과 한글 맞춤법은 정확히 알고 가자

한두 번 실수로 국어 문법을 어기거나, 원고지 사용법이나 교정부호를 잘못 표기할 수 있다. 그런데 이런 실수가 반복되면 답안이 성의 없어 보인다. 문법의 실수와 원고지 교정부호를 따르지 않는 수정이 채점자에게 좋지 못한 인상을 남긴다. 그 결과 채점자는 답안 작성자의 글쓰기 기본소양을 의심할 수 있다.

어떤 논술강사가 인터넷 강의에서 "논술 답안은 답안의 논리나 서술 내용이 중요하지, 어법이나 원고지 교정부호가 뭐가 중요하냐?"고 말하는 것을 들었다. 한편 일리가 있는 말이다. 논술시험이란 문제를 이해한 다음, 답안을 논리적으로 서술해서 채점자를 설득하는 것이 본질이기 때문이다. 그러나 곰곰이 생각해보면, 논술 시험장에서 컴퓨터를 사용해서 '한글 문서'로 답안을 작성하지 않는 이상, 국어 문법과 원고지 사용법의 규칙은 여전히 유효하다. 따라서 수험생들은 사전에 그 규칙을 숙지하고 있어야 한다.

이런 사소한 부분에서 합격이 좌우될 수 있다. 평균 30대 1에서 100대 1의 경쟁률을 보이는 요즘 논술시험에서는 소수점 이하의 차이로 합격이 좌우된다. 예를 들어 합격의 마지막을 겨루고 있는 논술답안 A와 B가 있다고 하자. 두 답안 중 하나만 합격할 수 있다고 가정한다. 답안의 내용이 두 개다 훌륭하다면, 채점자는 누구를 합격시킬까? 아무래도 국어 문법 사용이 정확하고 교정부호가 확실히 표기된 답안이 채점자의 눈에 띄지 않을까?

　더 쉽게 비유해 본다. 비슷한 위치에 있는 A와 B식당 모두 훌륭한 한우 1등급 고기를 판매한다. 그런데 A식당은 주인과 종업원의 서비스가 친절한 반면, B식당은 서비스가 그저 그렇다고 생각하자. 그럼 손님은 어느 식당으로 가겠는가? 이 때 두 식당에서 한우 소고기의 품질은 논술의 '내용'이고 식당 서비스는 '국어 문법이나 원고지 사용법, 알아볼 수 있을 정도의 글씨'라고 볼 수 있겠다.

　이왕이면 다홍치마라는 고사성어가 있다. 아무리 내용이 훌륭한 답안이라도 채점자가 그 내용을 알아 볼 수 없거나 읽기가 불편하다면 무슨 의미가 있겠는가? 채점자가 답안을 보며 '기본소양이 부족하고 성의 없이 쓴 것 같다'는 인식을 한다면 그 답안을 쓴 수험생은 합격할 수 있을까?

　인터넷을 검색해보면, 원고지 교정방법이나 국어 맞춤법은 그 자료가 수 없이 떠 있다. 그리고 '화법과 작문', '국어 문법'을 다루는 고등학교 수업이 있기 때문에 그 시간만 잘 들어둬도 논술시험 대비에는 충분하다.

넷째, 채점자가 알아볼 수 있는 글씨로 쓰자

　논술에 합격한 학생들은 평균적으로 글씨를 잘 썼다. 이때 '평균적으로 잘 썼다'의 의미는 '채점자가 답안의 내용을 쉽게 알아볼 수 있다'라는 뜻이다. 간단하게 말하면 채점자가 답안을 보고 그 내용을 빠르게 이해할 수 있는 글씨여야 한다. 그렇다고 '교과서의 활자'를 그대로 옮긴 듯 한 완벽한 글씨를 쓰라는 게 아니다. 답안을 이해하거나 평가할 수 없을 정도의 '악필'

이면 문제가 된다는 뜻이다.

관점을 바꾸어서, 채점자 입장에서 생각해보자. 일단 기본적으로 수험생 답안의 충실성을 파악하려고 애쓸 것이다. 그런데 이 과정에서 답안의 내용뿐만 아니라 '글씨'자체를 이해하기 위해 또 다른 힘을 써야 한다면? 채점자들이 꽤 피곤할 것은 두말할 필요가 없다. 경쟁률이 40:1인 시험에서 50명을 논술로 선발한다고 했을 때, 채점자들은 답안을 몇 장이나 보아야 할까? 평균적으로 수백 장은 기본이고, 1000장 이상을 검토할 때도 있을 것이다. '알파고'와 같은 기계가 아닌 인간인지라, 내용이 충실하고 눈에 '쏙' 들어오는 답안이 보이면 아무래도 마음이 더 끌리지 않을까?

만약 이 책을 읽고 있는 수험생이 '악필'이라면 글씨 교정에 조금 더 노력하자는 의미다. 글씨 교정 책자도 시중에 많이 팔고 있으니, 본인이 글씨를 교정하려는 의식을 가지고 하루에 10분이라도 노트에 연습하면 된다.

다섯째, 단락을 나누어라

단락이 구분되지 않는 답안은 읽기가 피곤하다. 논술문제는 다양한 쟁점을 준다. 따라서 쟁점별로 단락을 바꾸어 쓰거나, 목차의 주제별로 띄어쓰기를 하면 읽기가 편한데, 그냥 처음부터 끝까지 하나의 '통'으로 쓴 답안들은 좋은 인상을 남기지 못한다. 왜냐하면 어떤 논점(쟁점)이 어디에서 시작되고 끝나는지 알 수 없기 때문이다.

단락 나누기는 논술 답안뿐만 아니라 대입 자기소개서, 취업자기소개서, 고등학교 학생활동기록부의 독서내용이나 교내외 활동을 적을 때도 적용되어야 한다. 글은 '나의 생각'을 드러내는 것이지만, 목적을 가진 글을 쓸 때는 '나의 생각'과 더불어 그 목적을 달성시켜 줄 수 있는 상대가 읽기 편하도록 배려하는 것도 중요한 태도라고 하겠다.

 합격을 위한 한마디

수험생은 논술답안을 채점자가 읽기 편하도록 구성해야 한다는 점을 잊어서는 안 된다.

TIP. 원고지 작성법

1. 원고지에서 글의 첫 글자는 무조건 띄어 쓴다. 그런 다음 한 단락이 끝나기 전까지는 원고지 맨 앞 칸은 띄우지 않고 쓴다. 그러나 중심내용이 다른 단락으로 바뀔 때, 그 단락이 시작되는 맨 앞 칸을 띄어 쓴다. 또 반각문자 뒤에는 띄어쓰기를 하지 않는다.

	제	시	문		(	가	)		를		보	면	,	군	주	는		백	성	을

2. 온점과 반점을 찍은 다음에는 바로 이어서 글을 써야 한다. 또 문장부호는 한 글자로 취급하므로 한 칸에 하나씩 표기하는 것이 원칙이다.

사	실	이	다	.		다	만	,	우	리	가		충	분	히		의	문	을
품	어	야	하	는		일	일	까	?		그	렇	게		생	각	한	다	면

3. 실전에서 자주 사용되는 교정부호 사용법

부호	이름	사용하는 경우	표시방법
∨	띄움표	띄어 써야 할 곳을 붙여 썼을 때	사랑하는강아지→사랑하는 강아지
⌣	고침표	틀린 글자나 내용을 바꿈	적었었지만→적었지만
=	지움표	필요 없는 내용을 지울 때	너무냐도 이뻐서→너무 이뻐서
⌣	넣음표	글자나 부호가 빠졌을 때	언제 라도→언제까지라도
♂	뺌표	필요 없는 글자를 없앨 때	가려려면→가려면
⌒	붙임표	붙여야 할 곳이 떨어져 있을 때	아름 다운→아름다운

Chapter 4

내가 원하는 대학이 원하는 것을 미리 준비하라

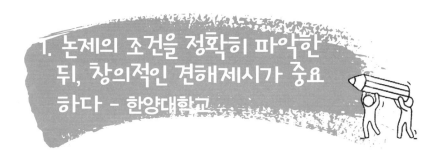

1. 논제의 조건을 정확히 파악한 뒤, 창의적인 견해제시가 중요하다 - 한양대학교

 <u>2016년 한양대학교 모의논술 (1문제, 75분)</u>

[논제] (가)의 내용을 근거로 (나)와 (다)에 나타난 각각의 시간특성을 설명하고, (가)지문의 밑줄 친 ㉠과 ㉡에 대해 구체적인 사례를 들어 설명하시오(1000자, 100점)

　(가) 에펠탑에 의해 표현된 시간이 찰나요 규칙적인 째깍거림, 천편일률적인 24시간으로 이루어진 하루였다면, 프루스트의 소설에서 표현되는 시간은 때로는 하루가 287쪽이나 이어지고 또 때로는 몇 년이 속삭임한 번 없이 지나쳐 버릴 수 있을 만큼 다양했다. 이렇게 <u>시간은 한편으로는 더할 수 없이 공적이고 획일화되었으며, 또 한편으로는 프루스트에게</u>

서처럼 더할 수 없이 사적이고 독특하고 그 영혼만의 시간으로 국한되었다. 절대적이고 직선적이고 연대기적이며 수량화될 수 있는 시간을 주관하는 신은 크로노스였다. 또 다른 시간의 신, 훨씬 다채롭고 파악하기 힘든 카이로스가 있었다. 권력은 크로노스에 매우 우호적이며, 고도의 정치력을 발휘하여 동시성을 추구한다. 파시스트 국가들의 거대한 규모의 일사불란한 체조에서부터 하일 히틀러 경례에 이르기까지, 전체주의 국가들은 이 동시성을 찬양해마지 않는다. ㉠ 동시성은 개인을 집단 속에 포섭하고자 하는 전체주의의 욕구를 잘 보여줄 뿐 아니라, 갖가지 고유의 시간들을 단일한 세계시간으로 희석시켜 버리려는 목적을 감추고 있다. 이에 반해 카이로스는 타이밍의 신, 기회의 신이요 행과 불행, 길조와 흉조 같은 시간의 서로 다른 측면들의 신이었다. 질적인 시간이라고 할까? 카이로스적인 시간에는 대양의 밀물과 썰물의 흐름 같은, 사상과 음악의 이미지와 순간적인 예술적 영감의 들고남이 있다. ㉡ 만 가지 빛깔의 예술가들이 지배적인 크로노스적 시계 시간의 헤게모니에 오랫동안 저항해 온 것은 당연하다.

(나) 시간은 여러 가지 기본 물리량 중 하나이다. 시간은 길이, 전류와 같은 다른 물리량에 대한 측정 표준의 기초로 사용되고 있어서 '표준의 표준'이라고 일컫는다. 우리가 사용하는 1초는 태양일(하루)의 1/24×60×60로 정하였으며, 이것을 태양시라고 한다. 하지만 지구의 자전 속력이 자연적으로 변하므로 하루를 기준으로 1초를 정하면 그 실제 길이

가 자꾸 변하게 된다. 이 문제를 해결하기 위해 1956년 국제도량형총회에서 1초를 서기 1900년도 1년 길이의 1/31,556,925,9747로 결정하였으며, 이것을 역표시(曆表時)라고 한다. 그 후 천체나 지구의 운동을 기준으로 한 시간 표준보다 훨씬 정확하고 안정된 원자시계가 개발되었다. 1967년 국제도량형총회에서 1초를 세슘 원자에서 방출하는 특정한 빛이 9,192,631,770번 진동하는 데 걸리는 시간으로 정의하였으며, 이것을 원자시라고 한다. 우리나라에서도 30만 년에 1초의 오차가 있는 원자시계를 개발하여 국가 표준으로 사용하고 있다.

(다)

너를 만난 날은

날개 달린 날이다

현실이 사라지고

다른 현실이 태어난 날

그러니까 그날은

초현실의 날이다

훨훨 새가 날아오던 날

너를 만난 날은

만신창이가 되어

여름을 힘겹게 보내고

문득 가을이 오던 날

너를 만난 날은 <u>필연의 날</u>이다

머리에서 손이 빠져 나오고

다리에서 얼굴이 튀어나오던

허리에서 설탕이 쏟아지던

<u>불안 비참 치욕 따위가</u>

<u>지루하고 맥이 없던 날들이</u>

<u>모조리 일어나 빛이 되던</u>

아아 내 <u>어깨 죽지</u>에

<u>문득 날개가 돋던 날</u>

너를 만난 날

1. 전체를 대강 보기

논제와 제시문 전체를 가볍게 읽고 어떤 내용이 출제되었는지 대략 확인해보는 단계이다. 전체를 꼼꼼하게 읽고 이해하기보다는 빠르게 훑으면 된다. '나무를 보기 전에 숲을 먼저보라'는 격언이 있다. 전체를 대강 보기는 '숲을 먼저 보는 것'과 같다. 수험생은 논제를 읽고 난 다음, 제시문을 전체적으로 가볍게 읽으면서 다음처럼 생각을 떠올릴 수 있을 것이다.

'(가)는 시간에 대해서 설명하고 있네. 크로노스와 카이로스의 개념으로 나누어 설명하고 있구나. (나)는 인류가 시간의 정확성을 추구하기 위해 노력한 모습이 나타나 있구나. 태양시에서 원자시까지 말이야. (다)에서는 시가 나오는 구나. 무슨 말인지 이해가 안 되지만 주제가 '시간'인 만큼 '시간'의 맥락에서 시를 봐야겠구나. 출제자는 핵심이 되는 내용을 반복하니까 그런 시구나 단어를 주로 눈여겨보자.'

2. 분석하고 나열하라

논제와 제시문을 대강 훑어보았으면 이제 문제(논제)를 자세히 분석해야 한다. 논제는 다음과 같이 크게 두 가지의 요구조건으로 구성되었다. 논제의 문장에서 쉼표를 중심으로 살펴보면 쉽다. 쉼표의 부분에 '슬러시(/)'표시를 하면 명확하게 구분될 것이다.

1) (가)의 내용을 근거로 (나)와 (다)에 나타난 각각의 <u>시간 특성을 설명</u>(쟁점)하라
2) (가)지문의 밑줄 친 ㉠과 ㉡에 대해 <u>구체적인 사례를 들어 설명</u>(쟁점)하라

'설명하라'의 의미는 무엇일까? '설명하라'의 뜻은 어떤 일이나 대상의 내용을 상대편이 잘 알 수 있도록 밝혀 말하라는 의미이다. 다시 말하면 '되도록 자세하게, 구체적으로 빠짐없이 서술하라'는 의미가 되겠다.

논제를 더 나누고 나열해 보자. 논제의 요구조건을 구체적으로 확인할

수 있다. 여기에다 (판단)기준과 대상에 대한 부분은 찾아 표시해두자.

1) (가)의 내용(기준)
2) (나)의 시간특성
3) (다)의 시간특성
4) (가)의 내용을 근거(기준)로 (나)에 나타난 시간특성(대상)을 설명하라
5) (가)의 내용을 근거(기준)로 (다)에 나타난 시간특성(대상)을 설명하라
6) (가)지문의 밑줄 친 ㉠에 대해 구체적인 사례를 들어 설명하라
7) (가)지문의 밑줄 친 ㉡에 대해 구체적인 사례를 들어 설명하라

이제 제시문의 내용을 파악해보자.

이때 필자가 표시한 부분과 수험생 독자들이 줄 그은 것이 똑같지는 않을 것이다. 어디에다 줄을 그었든, 핵심이 담겨져 있으면 된다. 단어든 문장이든 자신이 제시문 중에서 핵심이 '이 만큼이다'라고 생각한 대로 두 번 이상 읽으면서 편하게 줄을 긋는다. (가), (나), (다) 제시문을 두 번 이상 읽고 줄 그은 내용을 옮기면 다음과 같다.

(가) 시간은 공적이고 획일화 / 사적이고 독특하고 그 영혼만의 시간 / 절대적이고 직선적이고 연대기적 / 크로노스 / 다채롭고 파악하기 힘든 카이로스 / 권력은 크로노스에 매우 우호적 / 동시성을 추구/ 전체주의의 욕구 / 고유의 시간들을 단일한 세계시간으로 희석 / 카이로스는 타이밍의 신, 기회의 신이요 행과 불행, 길조와 흉조 같은 시간의 서로 다른 측면, 질적

인 시간 / 헤게모니에 오랫동안 저항

(나) 시간 / 표준의 표준 / 태양시 / 원자시

(다) 너를 만난 날/ 초현실의 날이다 / 여름을 힘겹게 보내고 문득 가을이 오던 날 / 필연의 날 / 불안 비참 치욕 따위가 지루하고 맥이 없던 날들이 모조리 일어나 빛이 되던 / 문득 날개가 돋던 날

3. 답을 하라

이제 이렇게 두 번 이상 읽고 밑줄 친 부분을 바탕으로 논제의 요구사항에 대해 답을 해본다. 이때 중요한 것은 핵심적인 답(결론)을 먼저 적고, 나머지 밑줄 친 부분들을 활용해서 뒷받침해야 한다는 것이다. 시, 소설 같은 경우는 논리적 구조로 서술되어 있지 않으므로, 밑줄 친 부분들 중에서 핵심을 찾아낸 뒤, 일반화해서 써야 한다.

1) (가)의 내용 :
결론 : 시간의 두 가지 모습
근거 : 크로노스는 절대적이며 수량화할 수 있는 획일성을 가진 개념 /
　　　카이로스는 상대적이고 주관적이며 기회와 타이밍의 개념

그렇다면 '(나)의 시간 특성'에 대해 정리해보자.

2) (나)의 시간 특성 :

결론 : 시간의 물리적이고 표준적인 절대적인 개념

근거 : 인류는 시간의 오차를 최소화하기 위해 노력(태양시에서 원자시까지)

3) (다)의 시간 특성 :

결론 : 시간의 주관적이고 상대적인 특성을 표현

근거 : 화자는 '너를 만난 날'을 기점으로 자신의 상황이 달라졌다고 함 /
　　　그 날은 현실을 넘어선 희망의 날, 비참한 날에서 다른 현실로 변
　　　화한 날

4) (가)의 내용을 근거로 (나)의 시간특성 설명하라 :

결론 : (가)의 크로노스의 시간개념은 (나)의 시간특성과 연결

근거 : (나)에서 인류는 절대적인 시간의 오차를 최소화하기 위한 노력
　　　을 함

5) (가)의 내용을 근거로 (다)에 나타난 시간특성을 설명하라 :

결론 : (가)의 카이로스의 시간개념은 (다)의 시의 시간특성과 연결

근거 : (다)의 '너를 만난 날'을 기점으로 화자의 상황이 달라지는데, '그
　　　날'은 화자에게 초현실과 희망의 날이자 비참한 날에서 다른 현실
　　　로 변화한 날 / 이는 (가)의 카이로스의 개념 중에서 질적이고 상대
　　　적인 시간, 불행에서 행으로 바뀌는 시간과 연결됨

6) (가)지문의 밑줄 친 ㉠에 대해 구체적인 사례를 들어 설명하라 :

결론 : 시간의 절대적인 개념은 (가)의 〈ㄱ〉의 동시성처럼 개인을 집단속
　　　에 가두기 때문에 개인의 고유한 시간을 전체적인 시간으로 획일
　　　화 시키는 문제를 발생

근거 : 일제강점기의 우리나라 국민들은 본인의 의지와 상관없이 신사참
　　　배나 창씨개명을 강요받음

7) (가)지문의 밑줄 친 ㉡에 대해 구체적인 사례를 들어 설명하라 :

결론 : 카이로스의 시간특성은 (가)의 〈ㄴ〉의 예술가들이 지배적인 시간
　　　인 크로노스의 헤게모니에 저항한 일과 맞닿아 있음

근거 : 뒤샹의 '샘'이라는 작품 / 이 미술작품은 뒤샹이 남성 소변기를 전
　　　시장에 가져다 논 것에 불과, 뒤샹은 예술작품을 작가가 직접 창작
　　　해야 한다는 기존의 관념을 깨뜨리고 생활의 용품들도 충분히 예
　　　술작품이 될 수 있다고 표현

4. 대립구도와 주제문을 작성해보자

대립구도 : 크로노스와 카이로스
주제문 : 시간은 절대적이고 물리적인 개념이지만 인류와 개인은 기존의
　　　질서와 관념에 끊임없이 도전했고, 그 순간 시간은 상대적인 속
　　　성을 가진다.

5. 답안을 작성해보자

이제 위의 출제자의 요구조건 1)~7)과 대립구도, 주제문을 활용해서 답안을 작성하고자 한다. 서론은 대립구도를 사용해서 의문문으로 시작했고 주제문을 제시했다. 이 책에서는 요구조건의 순서에 따르지 않았다. 크로노스의 시간특성을 (나)와 연결한 뒤, (가)의 〈ㄱ〉의 밑줄 친 부분에 대한 내용을 연이어 적었다. 왜냐하면 '크로노스의 시간개념'으로 모두가 연결될 수 있기 때문이다. 이런 방법은 답안을 재구성하는 효과가 있을 것이다. 또한 접속부사를 활용해서 단락과 단락을 부드럽게 이으려고 했고, 답안의 마지막은 주제를 재진술해서 마무리했다.

> **시간은 절대적인 개념인가? 아니면 상대적이며 주관적인 속성도 있는가? 시간은 절대적이고 물리적인 개념이지만, 인류와 개인은 기존 질서와 관념에 끊임없이 도전했고 그 순간, 시간은 상대적인 속성을 띤다.** 먼저 (가)는 시간을 크로노스와 카이로스의 개념으로 나누어 설명한다. 크로노스는 절대적이며 수량화할 수 있는 획일화된 시간 개념이다. 반대로 카이로스는 상대적이고 주관적이며 질적이며, 기회와 타이밍의 시간 개념이다.
>
> **그런데 (가)의 크로노스의 시간개념은 (나)의 시간특성과 연결된다.** 왜냐하면 (나)는 시간의 물리적이고 표준적인 절대적인 개념을 설명하는데, 인류가 태양시부터 원자시에 이르기까지 시간의 오차를 줄이기 위해 노력한 점은 크로노스의 속성과 같기 때문이다.

그러나 시간의 절대적인 개념은 (가)의 〈ㄱ〉의 동시성처럼 개인을 집단 속에 가두기 때문에 개인의 고유한 시간을 전체적인 시간으로 획일화하는 문제를 발생시킨다. 예를 들어 일제강점기의 우리나라 국민들은 의지와 상관없이 신사참배나 창씨개명을 강요받았다. 즉, 일제강점기라는 시간은 우리나라 국민 개개인의 고유의 시간들을 일본의 대륙침략의 야욕이라는 전체주의의 욕구 속에서 획일화시켰던 것이다.

　　반면에 (가)에서 카이로스의 시간개념은 (다)의 시에 표현된 시간특성과 연결된다. 그 이유는 (다)의 화자는 '너를 만난 날'을 기점으로 상황이 달라졌다고 표현하는데, '그날'은 화자에게 있어 초현실과 희망의 날이며 비참한 날에서 다른 현실로 변화한 날이다. 따라서 화자의 이 시간에 대한 인식은 질적이고 상대적인 것이며, 불행에서 행으로 바뀌며, 기회를 주는 카이로스의 시간개념과 일맥상통하는 것이다. **이런 카이로스의 시간특성은 (가)의 〈ㄴ〉의 예술가들이 지배적인 시간인 크로노스의 헤게모니에 저항한 일과 맞닿아 있다.** 예를 들면 뒤샹의 '샘'이라는 작품은 남성 소변기를 전시장에 가져다 놓은 것에 불과하다. 뒤샹은 예술작품을 작가가 직접 창작해야 한다는 기존의 관념을 깨뜨리고 실생활의 용품과 예술가의 '생각하는 행위'도 작품이 될 수 있다는 것을 보여주었다. 이는 기존의 관념에 저항함으로써 예술을 독특한 시각으로도 바라볼 수 있게 한 것이다. **이처럼 시간이 주는 절대적이고 획일화된 속성에 저항하고 맞설 때, 세계는 질적인 변화를 이루었다.**

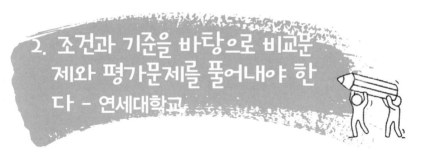

2. 조건과 기준을 바탕으로 비교문제와 평가문제를 풀어내야 한다 – 연세대학교

2017년 연세대 모의논술(2문제, 120분)

[문제 1] 예술적 성취에 대한 제시문 (가), (나), (다)의 논지를 비교, 분석하시오. (1000자 안팎, 50점)

[문제 2] 제시문 (라)를 바탕으로 제시문 (가), (나), (다)의 논지를 평가하시오.(1000자 안팎, 50점)

제시문 (가)

운이 열한 살이 되던 해였다. 처음으로 학교라는 곳엘 갔다가 시들해서 돌아온 운을 보고 허 노인은 이렇게 혼자 중얼거렸다. "세상에는 줄 광대가 밟을 만한 땅이 흔치 않을 게 당연하지."

그러고는 운에게 줄타기를 가르치기 시작했다. 땅바닥에 직선을 그어 놓고 그 선에서 발이 벗어나지 않게 왕래하는 것부터 시작했다. 그 다음에는 각목이었다. 발바닥 절반만 한 넓이의 각목을 땅에 깔아 놓고 손을 뒤로 모아 잡은 다음 몸을 꼿꼿이 하여 그 위를 왕래하는 훈련이었다. 처음에는 천천히, 그리고 나중에는 빨리, 그랬다가는 다시 천천히, 그것이 아주 익숙하게 되었을 때 운은 눈을 싸매고 그때까지의 과정을 한 번 더 되풀이했다. 다음에는 그 각목이 줄로 바뀌고, 그 줄이 드디어 공중으로 떠오르기 시작했다. 꼬박 5년의 세월이 걸렸다. 운은 열여섯 살이 되었다. 그때 이미 그는 언뜻 보기에 허 노인과 다름없이 줄을 탔다.

그러나 허 노인은 운을 사람들 앞에서 줄 위로 오르게 하려는 눈치가 안 보였다. 하지만 운은 그 허 노인에게 섣불리 이야기를 꺼낼 수 없었다. 운은 허 노인을 무서워했다. 허 노인은 운을 때리지는 않았지만, 시간이 나면 언제나 뒷마당에서 회초리를 들고 운의 줄타기 연습만을 계속했다.

참다못한 운이 어느 날 아버지 허 노인에게 속마음을 텄다. "아버지, 저도 이젠 사람들 앞에서 줄을 탔으면 합니다." 그때 허 노인은 얼굴색이 조금 변했으나 온화하게 물었다. "그래,…… 그럼 줄을 탈 때 끝이 가까워 보이느냐?" "네, 바로 눈앞에 있는 것 같습니다." "그럼, 가는 줄이 넓게 보이겠구나……." "그 위에서 뛰어놀 수 있을 것 같습니다." 그러자 허 노인은 단호하게 말했다. "안 되겠다!"

운은 까닭을 몰랐으나 더 대꾸하지 못했다. 열여덟 살이 되었다. 운은 허 노인에게 다시 같은 청을 드렸다. "어떠냐, 줄이 넓어 보이느냐?" "줄이 보이질 않습니다." 운은 불안했으나 사실대로 말했다. "그래, 줄을 타고 있을 때 아무 것도 보이질 않는단 말이냐?" "예." "귀도 들리지 않고." "예." 그것도 사실대로 말했다. "흠, 아직도 객기가 있어……."

허 노인은 턱으로 줄을 가리켰다. 운은 또 아무 대꾸도 못하고 줄로 올라갔다.

제시문 (나)

뉴튼이 자연철학의 원리에 관한 그의 불후의 저작 속에서 논술한 것을 발견하기 위해 아무리 위대한 두뇌가 필요했다 할지라도, 우리는 그것을 모두 학습할 수 있다. 그러나 시 예술을 위한 모든 규칙이 아무리 상세하고 또 그 모범이 아무리 훌륭하다 할지라도, <u>우리는 학습을 통해 재기발랄한 시 짓기를 배울 수는 없다.</u> 그 이유는 다음과 같다. 즉 뉴튼은 그가 기하학의 초보적 원리로부터 그의 위대하고 심원한 발견에 이르기까지 밟아가지 않으면 안 되었던 모든 단계를, 자기 자신에게 뿐만 아니라 다른 모든 사람에게도 아주 명백하게, 그리고 따라할 수 있도록 명확하게 보여줄 수 있다. 하지만 호메로스나 빌란트와 같은 시인은 상상이 넘치는 동시에 사상이 풍부한 그의 이념들이 어떻게 자신의 뇌리에 떠올라 정리되는지를 밝힐 수 없는 것이다. 그것은 <u>시인 자신도 알지 못하는 것이며, 따라서 다른 사람들에게 가르쳐줄 수도 없는 것이기 때문이다.</u> 그러므로 학문적인 영역에서는 위대한 발견자라 할지라도 고군분

투하는 모방자와 단지 정도상의 차이로 구별될 따름이지만, 자연으로부터 미적 예술에 대한 천부의 재능을 부여받은 사람과는 아예 종적으로 구별된다. 물론 그렇다고 해서 이러한 이유로 인류에게 그토록 많은 도움을 준 저 위대한 학자들을, 미적 예술에 대한 재능 덕택에 자연의 총아가 된 사람들보다 폄하할 필요는 없다. 학자의 재능은 인식이 끊임없이 진보하여 더욱 완벽해 지도록 하기 위해, 그에 의존하는 온갖 종류의 이익을 극대화하기 위해, 그리고 동시에 똑같은 지식을 다른 사람들에게 가르치기 위해 형성된 것이다. 그 점에서는 학자들이 천재라고 불리는 영예를 받아 마땅한 사람들보다 나은 점도 있는 것이다. 학문적 지식과 달리 예술의 기교는 다른 사람들에게 가르칠 수 있는 것이 아니라 자연의 손으로부터 각 개인에게 직접 부여되어야만 하는 것이다. 따라서 그러한 기교는 그 사람과 더불어 사멸하며, 자연이 훗날 다시 다른 사람에게 똑같은 자질을 부여할 때까지 기다려야 한다.

제시문 (다)

어린 모차르트는 그의 경쟁자인 누나를 흉내 내어 건반을 두드리면서 아버지의 사랑과 관심에서 자기 몫을 얻으려 했을 수 있다. 아버지는 스피넷*의 소리에, 그 다음에는 바이올린 연주에 놀라우리만치 일찍 관심을 보이는 아들에게, 이전까지는 누나에게만 기울이는 것처럼 보였던 사랑과 관심을 규칙적인 음악 수업의 형태로 확장했다. 아들이 아버지의 기대를 훨씬 넘어서는 속도와 범위로 음악적 학습 자료를 습득하면서 그를 교육하는 아버지의 수고에 보답하자, 자식에 대한 그의 애정은 한층 커졌을 것이다. 아버지의 커진 관심은 좀 더 큰 성과를 내도록 아이를 격려한다. 아버지를 놀라게 하고 감격시킨 것은 아이의 비상한 이해력이었다. 아버지 자신이 이 능력의 발달에, 스스로는 의식하지 못한 채 결정적으로 기여했다. 어린 모차르트의 특출한 음감과 음 기억력, 그리고 음악에 대한 정확한 이해는 진정 하나의 기적처럼 보였다. 그가 세 살 때부터 시작한 체계적 수업은 이런 인상을 더욱 강화시킨다. 그것은 아버지가 직접 편찬한 악보에 따라 규칙적으로 연습하는 엄밀한 수업이었다.

풍요로운 자극으로부터 이득을 취할 수 있는 기회는 당사자가 받아들일 자세가 되어 있지 않다면 사라져버릴 수도 있다. 이점에서 모차르트는 분명 최고의 조건을 갖추고 있었다. 음악과의 이른 만남과 꾸준한 접촉, 오랜 기간에 걸친 아버지의 열렬한 교육, 신동으로서 많은 자극을 받을 수 있었지만 동시에 힘든 노동을 요했던 이력 등이 재정적인 안정, 신분 상승의 기회, 도사리고 있는 몰락의 위험에 대한 가족의 힘겨운 생존 투쟁과 결합했다. 이 모든 것은 그의 개인적인 발달이 다른 많은 사람들보다 일찍 특정한 방향을 취하게 하는 결과를 가져왔다. 아버지는 처음에는 의식하지 않은 채, 그 후 점점 더 의도적으로 아이의 동기와 환상의 커다란 흐름을 이 한 노선으로, 즉 음악을 다루는 일로 유도했다. 그가 아들에게 행한 심화교육에는 여러 가지가 포함되어 있었다. 그 중심에는 음악, 그리고 명연주가가 되기 위한 훈련이 있었다. 모차르트가 유년기와 그 이후에도 감내해야 했던 음악가로서의 힘든 직업 활동도 그의 발달을 동일한 방향으로 몰고 갔다. 그런 활동이 음악적 전문화의 길에 계속해서 박차를 가했음은 분명하다. 고된 훈련은 어린 모차르트에게서 일상적 즐거움을 앗아갔지만, 동시에 강렬한 쾌락과 성취감을 가져다주었다.

*스피넷: 건반이 달린 현악기의 일종

제시문 (라)

아래 그림은 현역 바이올린 연주자들의 주당 평균 연습시간을 20세 시점까지 누적시켜 제시하고 있다. 그림은 전체 연주자들을 연주 수준에 따라 네 집단으로 나누어 집단 내 평균을 보여준다. 상위 세 집단은 같은 음악 대학을 나온 연주자들이다.

(1) 수상 연주자: 가장 우수한 집단으로 국제적으로 권위 있는 대회에서 수상하였으며 단독으로 공연을 할 수 있는 연주자들

(2) 전문 연주자: 국제적으로 인지도 있는 교향악단에서 전문적으로 활동하는 연주자들

(3) 교사 연주자: 음악 대학 졸업 후 지역 교향악단에서 연주를 하며 중고등학교에서 바이올린을 가르치는 연주자들

(4) 동호회 연주자: 음악 대학에서 전문적으로 바이올린 교육을 받은 적이 없이 취미활동으로 연주를 하는 동호회 소속 연주자들

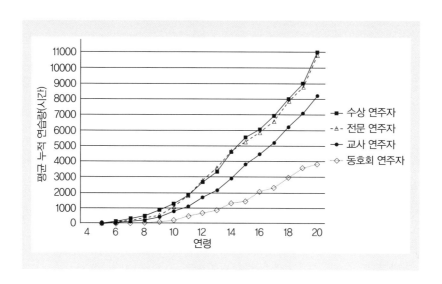

<문제 1> 예술적 성취에 대한 제시문 (가), (나), (다)의 논지를 비교, 분석하시오.
(1000자 안팎, 50점)

1. 전체를 대강보기

이 문제는 '예술적 성취'라는 주제를 다루고 있다. <문제 1>의 '예술적 성
취에 대한~'이라는 부분을 눈여겨보아야 한다. '예술적 성취'라는 기준이
<문제 1>의 전반을 관통하고 있는 것이다.

2. 분석하고 나열하라

1) 예술적 성취에 대한 제시문 (가), (나), (다)의 논지를 − 비교, 분석(쟁점)하시오

이때 '비교하라'는 지시어는 공통점과 차이점을 밝히는 것을 말한다. 논술에서 비교는 차이점을 밝히는 데 집중한다. '분석하라'는 지시어는 '다양한 각도'에서 검토하라는 뜻이다. 따라서 다양한 각도에서 검토하기 위해 하나의 기준이 아니라, 두 개 이상의 기준도 존재할 수 있음을 알아야 한다.

또한 이때 그 기준이 잘 떠오르지 않을 때 1)주체, 2)객체, 3)대상, 4)행위과정, 행위방법, 5)결과 등으로 나누어 살펴보면 비교문제를 더 풍부하게 쓸 수 있다. 이제 논제를 더 나누고 나열해 보자.

예술적 성취(기준)에 대한
1) 제시문 (가)의 논지
2) 제시문 (나)의 논지
3) 제시문 (다)의 논지
4) 제시문 (가), (나), (다)의 논지를 비교, 분석하라(공통점과 차이점)

이젠, 제시문을 두 번 이상 읽으며 밑줄 치며, 핵심을 표시한다. 여기서는 (나)만 해보겠지만, 다른 제시문들도 중요하다고 생각하는 부분들을 표

시하며 읽어야 한다. (나)에 대한 정리는 아래 '3. 답을 하라'에 있는 내용 중 2)를 참조하라.

(나) 우리는 학습을 통해 재기발랄한 시 짓기를 배울 수는 없다 / 시인 자신도 알지 못하는 것이며, 따라서 다른 사람들에게 가르쳐줄 수도 없는 것이기 때문 / 자연으로부터 미적 예술에 대한 천부의 재능을 부여받은 사람과는 아예 종적으로 구별 / 학문적 지식과 달리 예술의 기교는 다른 사람들에게 가르칠 수 있는 것이 아니라 자연의 손으로부터 각 개인에게 직접 부여되어야만 하는 것 / 따라서 그러한 기교는 그 사람과 더불어 사멸하며, 자연이 훗날 다시 다른 사람에게 똑같은 자질을 부여할 때까지 기다려야

3. 답을 하라

예술적 성취에 대한

1) 제시문 (가)의 논지 :

결론 : 예술적 성취를 위해서는 지속적인 반복훈련이 요구

근거 : 허 노인은 아들에게 엄격한 방식으로 줄타기 훈련을 시킴 / 아들
　　　이 수준에 도달하지 못하면 그 이유를 가르쳐주지 않음

2) 제시문 (나)의 논지

결론 : 예술가의 천부적 재능이 가장 중요

근거 : 예술가의 천부적인 재능은 하늘에서 주어진 것 / 천재적인 재능을

가진 예술가가 죽었을 때는 그 예술적 기교 또한 사라짐

3) 제시문 (다)의 논지 :

결론 : 예술의 성취는 재능과 더불어 종합적인 요소가 작용

근거 : 모차르트의 아버지는 아들을 정신적으로, 환경적으로 체계적인
훈련을 시킴 / 모차르트의 예술적 성취엔 재능과 함께 아버지의 음
악교육에 대한 열정, 시대적 배경이 작용

4) 제시문 (가), (나), (다)의 논지를 비교, 분석하라(공통점과 차이점)

결론 : 크게 (가), (다) / (나)로 나누어진다. 그런데 (가)와 (다)도 서로 차이
점이 존재한다.

4. 대립구도를 확인하고, 주제문을 작성해보자

대립구도 : 반복훈련 VS 천부적 재능 VS 반복 훈련과 재능, 사회적 환경
의 종합적인 결합

주제문 : 예술적 성취를 위해서는 타고난 재능과 함께 체계적인 훈련과
교육, 효율적인 동기부여와 사회적 환경이 동시에 뒷받침되어야
한다.

5. 답안을 작성해보자

이제 1)~4)를 종합하여 답안을 작성해 보자. 이 문제는 비교, 분석에 집중해서 답을 작성해야 한다. 답안에서는 출제자의 요구조건(쟁점, 논점)에 대해 결론부터 적는 방식을 취했다.

(가)와 (다)는 예술적 성취를 위해 후천적 노력인 훈련과 연습이 필요하다는 점을 인정한다. 그러나 (나)는 천부적인 재능이 가장 중요하다고 말하는 점에서 (가), (다)의 관점과 구별된다.

(가)는 예술적 성취를 위해 반복훈련을 강조하는 입장이다. 허 노인은 엄격한 방식의 반복 훈련으로 운에게 줄타기를 연습시킨다. 허 노인은 아들 운이 수준에 도달하지 못하면 그 이유조차 설명해주지 않는다. 그런데 (다)는 예술적 성취를 위해 천부적인 재능과 후천적인 노력, 그리고 환경적 뒷받침이 모두 필요하다는 입장이다. 모차르트의 아버지는 아들의 천부적 재능을 이끌어내기 위해 정신적으로, 환경적으로 체계적인 교육을 한다. 본인의 재능과 아버지의 교육에 관한 열정, 사회적 배경이 종합적으로 작용해서 모차르트의 예술적 성취를 이끌어 냈다.

그러나 (나)는 예술적 성취가 예술가의 천부적인 재능에 달려있다고 말하는 점에서 (가), (다)와 구별된다. 즉 예술적 성취는 후천적인 노력보다 천부적인 재능이 더 중요하다. 자연적으로 재능을 부여받은 사람은 처음부터 구별되며, 그 재능을 받은 예술가가 죽으면 동시에 그 기술은 사라진다고 말한다.

그런데, 예술적 성취에 있어 후천적 노력과 연습이 중요하다는 (가)와 (다)의 입장도 교수자가 피교육자를 가르치는 방법에서 다소 차이가 있다. (가)의 허 노인은 아들과 소통하지 못한 채, 엄격한 방식으로 교육을 한다. 허 노인은 아들과 교감하지도 않고, 일방적인 통제 하에서 훈련을 시킨다. 그러나 (다)의 모차르트의 아버지는 허 노인과 같이 아들에게 규칙적인 연습을 시키지만, 단계에 맞는 동기부여와 자연스러운 유도, 상호 소통의 상태에서 전문적이고 심화된 음악교육을 하는 점이 허 노인과 다르다.

〈문제 2〉 제시문 (라)를 바탕으로 제시문 (가), (나), (다)의 논지를 평가하시오.(1000자 안팎, 50점)

1. 전체를 대강 보기

'제시문 (라)를 바탕으로~'라고 했기 때문에 (라)는 (가), (나), (다)를 평가하는 '(판단)기준'이 존재할 것이다. 그 기준을 잘 정리해서 대상이 되는 자료에 적용해야 한다.

그렇다면 '평가하라'는 의미는 무엇인가? '평가하라'는 의미는 '가치나 수준을 헤아려보라'는 의미다. 즉, (라)의 기준으로 (가), (나), (다)의 내용을 파악해보라는 의미이다. 이런 문제의 유형을 잘 기억해두어야 한다. 대한민국의 논술시험은 한쪽의 개념이나 기준을 바탕으로 다른 사례나 내용에 적용해보라는 문제가 주를 이룬다. 비유로 말하면 '기준'을 수학공식이라 생각하고, 평가할 제시문을 그 공식을 적용해야 할 수학 문제라고 생각하면 된다.

2. 분석하고 나열하라

1) 제시문 (라)를 바탕으로 제시문 (가), (나), (다)의 논지를 – 평가(쟁점)하시오

논제를 더 나누어보자.

1) **제시문 (라)를 바탕으로 : 기준**

2) 제시문 (가)의 논지

3) 제시문 (나)의 논지

4) 제시문 (다)의 논지

5) **제시문 (라)를 바탕(기준)으로 제시문 (가)의 논지 평가**

6) **제시문 (라)를 바탕(기준)으로 제시문 (나)의 논지 평가**

7) **제시문 (라)를 바탕(기준)으로 제시문 (다)의 논지 평가**

3. 출제자의 요구조건에 답을 해보자

1) 제시문 (라)를 바탕으로 :

기준 설정 : 예술적 성취는 기본적으로 개인의 노력이나 연습량과 관련 있음 / 그러나 개인의 노력으로 판단할 수 없는 천부적 재능의 차이가 존재함(전문 연주자, 수상 연주자의 비교) / 동기부여, 심리적, 사회적인 환경의 차이가 바이올린 연주 수준에 영향을 미쳤을 거라고 추론됨

2) 제시문 (가), (나), (다)의 논지는 〈문제 1〉를 참고할 것

3) 제시문 (라)를 바탕으로 제시문 (가)의 논지 평가

개인의 노력: 있음 / 천부적 재능 : 확인 안 됨 / 동기부여, 심리적, 사회적 환경 : 없음

6) 제시문 (라)를 바탕으로 제시문 (나)의 논지 평가

개인의 노력 : 내용 없음 / 천부적 재능 : 가장 중요시 됨 / 동기부여, 심리적, 사회적 환경 : 없음

7) 제시문 (라)를 바탕으로 제시문 (다)의 논지 평가

개인의 노력 : 있음 / 천부적 재능 : 있음 / 동기부여, 심리적, 사회적 환경 : 있음

4. 답안을 작성해 보자

답안의 서론에서는 이 문제의 대립구도를 활용해서 시작했고, 결론에 주제문을 배치했다.

> **예술적 성취를 위해서는 반복적 훈련과 타고난 재능 중에 어느 것이 더 중요할까? 아니면 또 다른 요인이 필요한 것일까?** 우선, 제시문 (라)의 자료는 세 가지를 시사한다. 첫째, 예술적 성취는 **연습량**과 관계가 있다. 그래프에서는 연령에 따른 바이올린 연습의 누적량이 많을수록 연주 실력이 좋아진다. 수상 연주자와 전문 연주자는 교사 연주자나 동호회 연주자보다 더 많은 연습을 통해 높은 예술적 성취를 이루었을 것이다. 둘째, 연습량의 차이가 없는 수상 연주자와 전문 연주자의 차이는 **타고난 재능** 때문일 것이다. 같은 음악대학 출신이고 연습량도 비슷하지만 수상 연주자만 최고의 수준에 도할 수 있었다. 마지막으로, 만약 수상 연주자와 전문 연주자가 비슷한 재능을 가지고 있다면 **동기부여, 심리적, 사회적인 환경이란 또 다른 요인**이 예술적 성취에 영향을 미쳤을 거라 추론된다. 이런 (라)의 기준으로 (가), (나), (다)의 논지를 평가해 본다.
>
> (라)를 바탕으로 볼 때, (가)의 허 노인은 수준에 도달할 때까지 줄타기 훈련을 아들에게 시킨다. 따라서 운에게 예술적 성취를 위한 연습량은 충분하다. 그러나 운에게는 타고난 재능은 짐작되지 않는다. 어릴 때부터 줄타기 훈련은 받았지만, 천부적인 재능을 보인 점은 제시문에서 확인할 수 없다. 그리고 운에게는 정신적인 동기부여, 심리적, 사회적인

환경의 도움도 없었다. 허 노인은 엄격한 통제 하에서만 아들을 교육을 했을 뿐, 아들과 소통하면서 적절한 동기부여나 심리적, 사회적 환경을 제공하지 않았다.

또 (라)의 입장에서 보면 (나)의 관점은 천부적 재능의 소중함만 강조한다. 예술적 재능은 하늘이 직접 부여하는 것이라고 말하고 있다. 그러나 개인에게 천부적 재능이 있어도 그 재능을 꽃피우기 위한 체계적인 훈련과 교육, 동기부여와 심리적, 사회적 환경이 뒷받침되지 않는다면 예술적 성취를 이루기 힘들지 않을까?

그런데 (다)의 논지는 (라)의 관점과 일치하는 면이 있다. 일단 모차르트는 예술적 성취를 위해 아버지의 체계적인 훈련을 소화했다. 또한 모차르트는 천부적인 재능도 가지고 있었다. 음악에 대한 비상한 이해력은 기대에 부응하는 것이었다. 마지막으로 모차르트의 예술적 성취에는 아버지의 심화교육, 이른 나이에 음악과 접촉, 가정의 힘겨운 생존투쟁과 같은 배경이 있었다. 이는 (라)에서 말한 것처럼 동기부여, 심리적, 사회적 배경이란 조건도 예술적 성취를 위해 작용한 결과라고 할 것이다.

모차르트의 예에서 보듯, 예술적 성취는 단순한 훈련의 반복으로만 이루어지는 것이 아니라 타고난 재능, 체계적인 훈련, 동기부여와 사회적 환경이 종합적으로 뒷받침될 때 얻어진다고 생각한다.

3. 제시문의 내용이 어렵고, 표와 그래프의 해석이 중요하다
– 서울시립대학교

 <u>2017년 서울시립대학교 모의논술(3문제, 120분)</u>

[문항 1] 제시문 [가]의 주장을 250자 내외로 요약한 뒤, 주된 견해나 관점이 [가] 와 다른 제시문을 [나]~[라]에서 모두 찾아 [가]와 각각 어떻게 차이가 나는지 구 체적으로 밝히시오. (600자 내외, 배점 30점)

[문항 2] 위에서 제시된 그림과 표를 모두 이용하여 19세기 말부터 20세기 초에 걸친 기술의 발전이 미국인들에게 미친 영향을 추론하시오. (400자 내외, 20점)

[문항 3] 〈보기〉를 읽고 인공지능의 미래에 대한 A씨의 낙관적 전망에 동의하는 지 혹은 동의하지 않는지 어느 한 입장을 정한 뒤, [가]~[라]의 모든 제시문을 활 용하되 주된 견해나 관점이 자신의 입장과 같은 제시문의 논거는 지지하고 자신

의 입장과 다른 제시문의 논거는 비판하면서 자신의 입장을 옹호하시오. (1000자 내외, 배점 50점)

[가] 고대인들은 삶의 유지에 필요한 것을 제공하는 노동과 직업은 모두 노예적 본질을 가지기 때문에 노예의 소유란 필수적이라고 생각했다. 그리고 바로 이 이유 때문에 고대 사회에서 노예제도는 옹호되고 정당화되었다. 노동한다는 것은 필연성에 의해 노예가 되는 것을 의미했다. 그리고 이런 노예화는 인간 삶의 조건에 내재한 것이었다. 인간은 삶의 필연성에 지배를 받기 때문에 필연성에 종속되는 노예들을 강제로 지배함으로써만 사람들은 자유를 획득할 수 있었다. 노예로의 전락은 운명이 초래한 충격이었으며, 이러한 운명은 죽음보다 못한 것이었다. 왜냐하면, 어떤 사람을 노예로 만드는 것이란 길든 동물과 비슷한 사물로 그 사람을 변형시키는 것이었기 때문이었다. 그러므로 주인이 노예를 해방함으로 이루어진 노예의 지위 상승, 또는 노예들이 수행하던 업무를 공적으로 적합하다고 여겨지는 직업 중 하나의 지위로 올려준 정치적 환경의 변화는 모두 자동으로 노예적 본질의 변화를 수반했다. 비록 후대에는 폭압의 도구가 되어 버리기는 했지만, 고대 사회에서의 노예제도란 본래 값싼 노동력을 확보하거나 부당한 착취로 이윤을 증대시키기 위한 수단으로 의도된 것은 아니었다. 오히려 노동을 삶의 조건으로부터 배제하기 위한 시도의 일환으로써 노예제도가 제정되었다. 고대인들은 동물적 삶의 다양한 형태들을 인간이 공유하는 것을 인간적인 것이라고 여기지 않

164

았다.

그런 점에서 합리적 동물(animal rationale)이라는 말에서 '동물'이란 단어를 사용하는 것은 문제가 될 여지가 있지만, <u>노동하는 동물(animal laborans)의 개념에서 사용된 '동물'이란 단어는 충분히 정당화될 수 있었다.</u> 그들에게 노동하는 동물은 단지 동물의 여러 종 중 하나일 뿐이며, 기껏해야 지구에 거주하는 동물 중에서 최고의 종일뿐이었다.

[나] 두완샹은 며칠 동안 집안 살림을 정리하느라 바빴다. 일상생활은 지극히 평온하고 안정이 된 듯했다. 그러나 그녀의 머릿속은 갖가지 상념으로 가득 차서 항상 누군가와 이야기를 나누고 싶었고, 무언가 자신이 할 수 있는 일을 찾고 싶었다. 그러나 남편 리구이는 늘 농장 일터에 나가 있었고 어쩌다 퇴근을 해도 집안의 일상적인 얘기만 나눌 뿐이었다. 그는 무심하게 그녀에게 이렇게 말했다. "먼저 안정을 좀 취하고 일은 천천히 다시 얘기하도록 하지. 설사 뭘 하려고 한 대도 당신이 여기에서 무슨 일을 할 수 있겠어? 김매고 파종하는 밭일일 텐데 여기는 기계화된 대형농장이라 모든 일을 기계를 써서 하기 때문에 그 외의 일손은 전혀 필요가 없거든. 영 무료하면 마을 회관에 나가서 부녀 문예 활동에라도 좀 참여해 보는 게 어때?"

그녀는 자기 생각을 표현하는 데 능숙하지 못했을 뿐 아니라, 이곳 사람들은 원래 두메산골 출신인 자기보다 훨씬 뛰어난 사람들이라고 생각하고 있었다. 리구이까지도 그야말로 대단한 인물이 되어 있지 않은가.

그는 몇 년 동안 엄청난 지식을 쌓은 데다가, 지금은 트랙터 기사가 되어 수십 마력의 힘을 지닌 저 거대하고 힘센 기계를 조종하며 아침부터 밤까지, 저녁부터 아침까지, 끝없이 펼쳐진 저 거대한 검은 벌판 위를 달리고 있으니 말이다. 남편은 다른 기사들과 마찬가지로 잠시 집으로 돌아오면 후닥닥 밥만 먹고는 곧바로 다시 일터로 달려나갔다.

이곳은 그야말로 신천지였다. 북만주의 끝없이 펼쳐진 벌판을 옥토로 개간하기 위해 1950년대 초반부터 전국에서 청년 자원자들이 몰려들어 마침내 이 흑룡강 검은 벌판에 거대한 농장을 일구었고, 결국 가족들까지 농장으로 이주를 해 오게 된 것이었다. 말인즉슨 농장이었지만 여느 농촌과는 사정이 달라도 한참 달랐다. 지평선까지 펼쳐진 광활한 벌판에서 모든 일은 트랙터와 각종 농기계를 통해 이루어졌기 때문에 보통 농촌에서처럼 부지런한 손과 발, 그리고 악착같은 허리가 필요할 일은 거의 없었다. 작업에 참여하기 위해서는 기계를 다룰 줄 알아야 했으며, 새로운 농법에 대한 지식이 필요할 뿐이었다. 두완샹은 리구이와 함께 이 거대한 사업에 함께 참여하고 싶었지만 실제로 이 농장에서 자신의 일손이 필요한 곳을 찾기는 쉽지 않았다.

이 먼 곳까지 자기를 불러다 놓고 온종일 자기 혼자 농장에 나가 일에 빠져 있는 리구이를 볼 때면 마음 한구석에 원망스러움이 전혀 없지는 않았지만, 무엇보다도 원망스러운 것은 바로 자신의 무능함이었다. 그리고 그 원망은 날이 갈수록 심해져 결국은 더는 견딜 수 없는 지경에 이르고 말았다. 고민 끝에 그녀는 생산대장을 찾아가 이야기를 해 보기로 했다.

"대장님, 제게도 할 일을 좀 배정해주세요. 아무 일도 없이 하루하루 소일하는 생활은 정말이지 무료해서 견디기가 참 힘드네요."

대장은 퇴역한 군인이었는데, 그녀처럼 전국 사방 각지에서 온 가족들을 상대하다 보니 가족들이 이곳 생활에 적응하지 못해 겪는 어려움을 충분히 이해하고 있었다. 그래서 늘 그들을 최대한 편안하고 즐겁게 해주기 위해 노력해 왔지만, 지금처럼 이렇게 다급하게 일을 찾아 달라고 하는 상황은 선뜻 이해가 되질 않았다. 그녀가 새롭고 활기찬 분위기에 심취하여 일하고 싶은 열정이 우러나고 있는 것이라는 데에는 생각이 전혀 미치지 못했기 때문이었다.

[다] 자연이 정해 놓은 노동시간이란 존재하지 않는다. 노동시간은 숱한 사회적·역사적 조건들에 의해 결정된다. 특히 자본주의 체제에서 노동시간은 노동력 구매자인 사용자와 노동력 판매자인 노동자 및 노동조합 사이의 치열한 정치적 각축 속에서 구체적으로 결정된다. 그리고 노사는 노동시간의 통제와 관련하여 양과 질 두 측면에서 의견 대립을 보여 왔다.

서구 산업사회에서 노동시간의 양은 생산기술의 발달과 노조의 영향력 확대에 따라 지속해서 감소해 왔다. 19세기 말 주당 평균 65시간을 상회하던 서구 산업국가의 노동시간은 오늘날 35~40시간까지 하락하였다. 생산조직의 효율화, 노사관계의 안정화에 초점을 맞춘 사용자 측의 이해관계가, 자율적이고 창조적인 자기계발과 삶의 질 개선에 초점을 맞

춘 노조 측의 이해관계와 맞아 떨어지면서 노동 시간을 단축할 정당성을
확보할 수 있었다.

　노동 시간의 질은 주어진 노동시간을 활용하는 방식과 관련된다. 일
반적으로 사용자 측은 구매한 노동력을 최대한도로 활용하기 위해 노동
시간을 유연화하는 데 관심을 주로 둔다. 지금까지의 노동시간 유연화
전략은 노동자가 선호하는 시간대에 일하는 것을 허용하기보다 기업의
입장에서 가장 효율적인 시간대에 노동을 배치하는 형태로 구체화된 경
우가 많았다. 그래서 노동자들의 저항에 직면해 온 것이 사실이었다. 하
지만 시간선택제 근로, 탄력시간제 근로, 재택근무, 양육 기간 단축 근
로제 등으로 대표되는 사용자 측의 노동시간의 유연화 전략은 향후 전
세계 노동자들의 동의와 지지를 적극적으로 끌어낼 수 있을 것으로 예상
된다. 기술발전과 그에 따른 생산력의 비약적 증대는 최소한의 노동만으
로도 기본적인 생활을 영위하는 데 불편함이 없을 만큼의 높은 생활임금
지급을 가능하게 하였고, 개별 노동자들은 필요에 따라 자신의 근로 시
간대를 유연하게 재배치하는 방법으로 이러한 변화에 대해 대응할 수 있
게 되었다. 그리고 노동자들이 근로 시간대를 융통성 있게 사용할 수 있
게 됨으로써 그동안 왜곡됐던 일과 생활, 일과 가족, 일과 양육의 균형을
회복할 수 있을 것이라는 태도를 보이기 시작했다는 독일과 스위스 등의
사례가 그와 같은 전망을 뒷받침해준다.

　[라] 많은 것을 양육하는 대지 위에는 필멸의 인간들을

168

감시하는 제우스의 불사의 파수꾼들이 삼만 명이나 있어,

안개를 입고 사방으로 지상을 돌아다니며

판결과 무자비한 행동들을 지켜보고 있다오.

그리고 모든 것을 보고 모든 것을 알아차리는 제우스의 눈은

원하기만 하면, 도시가 그 안에 품고 있는 것이 어떤 종류의

정의인지도 볼 수 있고, 결코 그것을 놓치는 일이 없소.

오오! 페르세스여, 그대는 이 점을 명심하고

정의에 귀 기울이되 폭력일랑 아예 잊어버리시라!

크로노스의 아드님께서는 인간들에게 그런 법도를 주셨기 때문이오.

물고기들과 짐승들과 날개 달린 새들은 그들 사이에 정의가 없어

그분께서 그들끼리 서로 잡아먹게 하셨으나, 인간들에게는

월등히 훌륭한 것으로 드러난 정의를 주셨던 것이오.

왜냐하면 누군가 정의로운 것을 말하고 행하면

멀리 보시는 제우스께서 그에게 복을 주시기 때문이오.

하지만 누군가 거짓 맹세를 하며 일부러 거짓 증언을 하고

정의를 해코지하면 그는 구제할 길 없이 미망에 빠진 것이오.

그의 집안은 앞으로 더욱더 한미*해질 것이고,

반면에 정직하게 맹세한 자의 집안은 장차 더 번창할 것이오.

어리석은 페르세스여, 그대에게 좋은 뜻에서 말하고자 하오.

열등한 것은 힘들이지 않고도 무더기로 얻을 수 있소.

길은 평탄하고, 그것은 아주 가까운 곳에 살기 때문이오.

하지만 정의롭고 훌륭한 것 앞에는 불사신들께서 땀을 갖다 놓으셨소.

그리로 가는 길은 멀고 가파르며 처음에는 울퉁불퉁하기까지

하다오. 그러나 일단 정상에 도착하면

처음에는 비록 힘들었지만 나아가기가 수월하지요.

그러므로 페르세스여, 고귀한 집안에서 태어난 이여, 그대는 늘

내 충고를 명심하고 일하시라. 기아가 그대를 싫어하고

고운 화관을 쓴 정숙한 데메테르 여신이 그대를 사랑하여

그대의 곳간을 식량으로 가득 채우도록 말이오!

*한미(寒微): 형편이나 지체가 구차하고 변변하지 못함.

[문항 1] 제시문 [가]의 주장을 250자 내외로 요약한 뒤, 주된 견해나 관점이 [가]와 다른 제시문을 [나]~[라]에서 모두 찾아 [가]와 각각 어떻게 차이가 나는지 구체적으로 밝히시오. (600자 내외, 배점 30점)

1. 전체를 대강보기

일단 논제가 길고, 제시문 [가]가 어려운 지문이라는 것이 느껴진다. 지문이 어려울 때는 어떻게 해야 할까? 일단 자주 반복되는 단어를 눈여겨보자. 제시문에서 '노동'이라는 단어가 반복됨이 보인다. 또한 [나]는 주인공의 일에 대한 생각과, [다]는 노동시간과 노사관계에 대한 이야기를 하고

있다. 그러므로 논제와 제시문을 빠르게 훑으면서, 이 문제는 '노동'이란 주제에 대해 논하고 있음을 짚어내야 한다. 수험생은 (라)가 무엇에 관한 내용인지 이해가 잘 가지 않을 것이다. 그러나 전체를 훑어보는 과정에서 주제가 '노동', '일'에 대한 내용임을 파악했기 때문에 (라)도 '노동'에 관한 내용임을 미루어 짐작할 수 있을 것이다. '노동'이란 잣대를 가지고 (라)를 읽어보자. 그럼 (라)의 핵심 내용이 보인다.

2. 분석하고 나열하라

논제는 크게 3가지로 나뉜다.

1) [가]의 주장을 250자 내외로 – 요약(쟁점)하라

2) 주된 견해나 관점이 [가]와 다른 제시문을 – [나]~[라]에서 모두 찾아라(쟁점)

3) [가]와 각각 어떻게 차이가 나는지 – 구체적으로 밝혀라(쟁점)

논제를 더 나누어보자.

1) [가]의 주장을 250자 내외로 요약하라

2) 주된 견해나 관점이 [가]와 다른 제시문을 모두 찾아라. – 제시문을 이해하는 과정에서 (나), (라)임을 알 수 있을 것이다

3) [나]의 견해나 관점

4) [라]의 견해나 관점

5) [가]와 [나]의 견해나 관점의 차이를 밝혀라

6) [가]와 [라]의 견해나 관점의 차이를 밝혀라

이제 제시문의 내용을 파악해본다. 여기서는 (가)만 다루겠지만, 다른 제시문들도 여러 번 읽으면서 핵심 내용을 표시하고 정리할 수 있어야 한다. (가)에서 밑줄 그은 부분들을 옮겨보면 다음과 같다. 이를 바탕으로 '[가]의 주장을 요약' 하라는 요구조건에 (쟁점) - 결론 - 근거의 구조로 정리한다. 정리한 내용은 다음을 참조하라.

(가) 노동과 직업은 모두 노예적 본질을 가지기 때문에 노예의 소유란 필수적 / 노동한다는 것은 필연성에 의해 노예가 되는 것을 의미 / 노예들을 강제로 지배함으로써만 사람들은 자유를 획득할 수 있었다 / 노동을 삶의 조건으로부터 배제하기 위한 시도의 일환으로써 노예제도가 제정 / 노동하는 동물(animal laborans)의 개념에서 사용된 '동물'이란 단어는 충분히 정당화

3. 제시문을 읽고, 출제자의 요구사항을 정리해보자

표를 활용해서 출제자의 요구조건을 간단히 정리한다. 표에도 '쟁점 - 결론 - 근거'의 형식으로 제시문의 내용을 정리하면 좋다. 이때, 요구조건에 대한 결론(핵심)을 제시문에서 먼저 찾아야 한다.

논제	
[가]의 주장을 요약 (250자 이내)	쟁점 : [가]의 주장을 요약 결론 : 고대사회에서 노동은 착취수단이 아니라 자유를 누리기 　　　위한 조건 근거 : 노동과 직업은 노예의 본질을 가짐 / 고대인들은 노예지배 　　　와 소유를 통한 자유 추구
[가]와 관점이 다른 제시문 찾기(쟁점)	제시문 (나)와 (라)
[나]의 견해나 관점	결론 : 주인공은 노동을 못하는 상황에 불안과 무력감을 느낌 근거 : 노동을 하지 못하는 자신이 무능하다 생각
[라]의 견해나 관점	결론 : 인간과 동물이 다른 점은 정의, 그 정의는 노동을 통해 실 　　　현할 수 있음 근거 : '정의롭고 훌륭한 것 앞에 땀을 갖다 놓았다' / 인간은 동물 　　　과 다르게 노동을 통해 정의롭고 훌륭한 사람이 될 수 있다.
[가]와 [나]의 견해나 관점의 차이(쟁점)	쟁점 : 견해나 관점의 차이 결론 : [가]노동은 노예의 본질 / [나]의 노동은 삶에서 자신의 존 　　　재를 확인할 수 있는 조건
[가]와 [라]의 견해나 관점의 차이(쟁점)	쟁점 : 견해나 관점의 차이 결론 : [가]노동은 노예의 본질, 자유를 빼앗음 / [라]의 노동은 인 　　　간이 정의와 훌륭함에 도달하기 위한 과정
대립구도 / 주제문 작성	대립구도 : 노동은 인간으로부터 자유를 빼앗는 행위인가? 아니 　　　　　면 인간에게 성장과 삶에 대한 성찰을 주는 과정인가? 주제문 : 노동은 인간의 삶에서 자유와 시간을 뺏기도 하지만, 　　　　인간은 그 과정에서 삶에 대한 성찰과 가치를 발견할 수 　　　　있다.

(가)는 노동이 노예를 착취하기 위한 수단이 아니라 삶에서 자유를 누리기 위한 배제조건이라고 말한다. 왜냐하면 고대인들은 노동을 노예의 본질을 가진 것이라고 생각했기 때문이다. 따라서 고대인들은 노예를 소유함으로 자유를 획득하고자 했다.

그러므로 (가)와 관점이 다른 제시문은 (나)와 (라)이다. 우선 (나)의 주인공은 노동을 못하는 자신의 상황에 무력함과 불안을 느끼고 있다. 주인공이 처한 새로운 환경에는 육체노동 대신 대형기계를 수단으로 일을 한다. 그래서 주인공은 일을 하지 못하는 자신을 무능하다고 생각하며 또 삶이 무료하다고 말한다. 이러한 태도는 자유를 획득하기 위해 노동은 삶에서 배제해야 한다는 (가)의 입장과는 반대이다.

또한 (라)의 시는 인간과 동물이 다른 점은 정의라고 말한다. 그런데 '정의롭고 훌륭한 것 앞에 땀을 갖다 놓았다'고 표현한 점에서 그 대상이 노동임을 짐작할 수 있다. 즉 시에서 인간은 동물과 달리 노동을 통해 정의롭고 훌륭한 사람이 될 수 있다고 말하는 것이다. 따라서 노동과 일은 자유의 획득에 방해가 된다고 생각하는 (가)의 입장과 다르다.

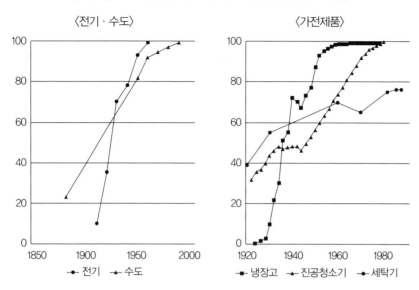

[그림 1] 미국 가정의 전기 · 수도 및 가전제품 보급률 추이(%)

〈전기 · 수도〉

〈가전제품〉

● 전기 ▲ 수도

■ 냉장고 ▲ 진공청소기 ● 세탁기

[그림 2] 미국 가정의 가사 노동과 임금 노동

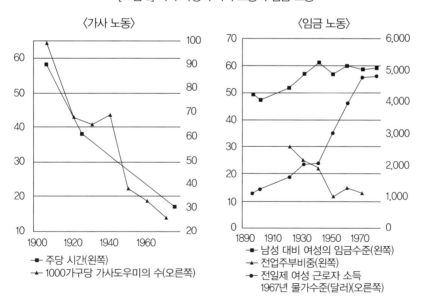

〈가사 노동〉

■ 주당 시간(왼쪽)
▲ 1000가구당 가사도우미의 수(오른쪽)

〈임금 노동〉

■ 남성 대비 여성의 임금수준(왼쪽)
▲ 전업주부비중(왼쪽)
● 전일제 여성 근로자 소득
1967년 물가수준(달러)(오른쪽)

[표 1] 소득수준별 미국 가정의 가전제품 보유율(1957년)

(단위 : %)

	$2,000~ $2,999	$3,000~ $3,999	$4,000~ $4,999	$5,000~ $5,999	$6,000~ $7,999
냉장고	79	93	93	95	96
가스레인지	57	76	82	88	92
세탁기	85	90	90	90	92
텔레비전	83	88	90	91	91
진공청소기	40	61	67	80	83
라디오	88	91	92	93	95

[문항2] 위에서 제시된 그림과 표를 모두 이용하여 19세기 말부터 20세기 초에 걸친 기술의 발전이 미국인들에게 미친 영향을 추론하시오. (400자 내외, 20점)

1. 전체를 대강보기

표나 그래프가 나오면 어렵다고 선입견을 갖는 경우가 많은데, 표나 그래프도 일종의 '제시문'으로 생각해야 한다. 그리고 표에서 제일 큰 숫자나, 눈에 띌 정도로 급격히 변화한 직선이나 곡선의 기울기 등을 눈여겨보자. 출제자는 의도적으로 그 부분을 눈에 띄게 표시했을 것이다. 그런 중요한 부분을 간추려 놓은 다음, 의미를 부여(해석)하면 된다.

2. 분석하고 나열하라

1) 위에서 제시된 그림과 표를 모두 이용하여 19세기 말부터 20세기 초에 걸친 기술의 발전이 미국인들에게 미친 영향을 - 추론(쟁점)하시오.

논제를 더 나누어보자.

위에서 제시된 그림과 표를 모두 이용하여

1) [그림1] 미국가정의 전기·수도 및 가전제품 보급률 추이

2) [그림2] 미국가정의 가사노동과 임금노동

3) [표1]소득수준별 미국 가정의 가전제품 보유율

4) [그림1], [그림2], [표1]을 이용하여 19세기 말부터 20세기 초에 걸친 기술의 발전이 미국인들에게 미친 영향을 추론(쟁점)하시오

3. 제시문을 읽고, 출제자의 요구사항에 답을 하라

제시문을 읽고, 출제자의 요구사항을 표에 정리하면 된다. 여러 번 강조했지만 요구조건에 맞는 답(결론, 핵심)을 제시문의 내용에서 찾으려해야 한다.

요구조건	
[그림1] 미국가정의 전기, 수도 및 가전제품 보급률 추이	1) 19세기 말부터 미국 가정의 전기, 수도의 보급률이 급격히 늘어난다는 점(왼쪽 그림) 2) 20세기 초부터 냉장고, 진공청소기, 세탁기의 보급률이 급격히 늘어나고 있음(오른쪽 그림)
[그림2] 미국가정의 가사노동과 임금노동	1) 20세기 초부터 주당 가사노동 시간과 1000가구당 가사노동 도우미의 수가 급격히 감소함(왼쪽 그림) 2) 19세기 말부터 전업주부 비중이 줄어듦, 전일제 여성근로자 소득이 급격히 증대, 남성 대비 여성의 임금수준이 완만히 상승(오른쪽 그림)
[표1]소득수준별 미국가정의 가전제품 보유율	1957년부터 소득이 높은 가정일수록 가전제품의 보급률이 높음. 소득이 적을수록 보급률이 낮은 가전제품들이 존재함
[그림1], [그림2], [표1]을 이용하여 19세기 말부터 20세기 초에 걸친 기술의 발전이 미국인들에게 미친 영향을 추론(쟁점)하시오	1) 가전제품의 발달과 보급률의 향상은 여성의 가사노동시간을 대폭으로 단축시킴 2) 노동의 시간 감소와 가전제품을 통한 노동의 강도가 줄어듦으로, 가사도우미의 필요성도 줄어들었을 것 3) 여성들은 줄어든 가사노동 시간을 이용하여 노동시장에서 소득향상을 위해 일했을 것으로 추측 4) 그런데 [표1]을 보면 가전제품은 구입할 능력이 있는 소득이 높은 가정에서부터 높은 보급률로 이루어졌음을 추측할 수 있음. 그래서 고소득 계층의 여성들의 경제참여가 먼저 늘어났을 것임 5) 그 결과 고소득 가정의 소득은 저소득 가정에 비해 빨리 향상되었을 것. 즉 고소득 계층부터 소득재분배가 일어났음을 추론 가능

4. 답안을 작성해 보자

　표에서 19세기 말부터 미국 가정의 전기, 수도의 보급률이 급격히 늘어난다는 점과 20세기 초부터 냉장고, 진공청소기, 세탁기의 보급률이 급격히 늘어나고 있음이 확인된다. 그러므로 20세기 초부터 주당 가사노동 시간과 1000가구당 가사노동 도우미의 수가 급격히 감소한다. 또한 19세기 말부터 전업주부 비중이 줄어들고, 전일제 여성근로자 소득이 급격히 증가하기 때문에 남성 대비 여성의 임금수준이 지속적으로 상승한다.

　이처럼 가전제품의 발달과 보급률의 향상은 여성의 가사노동시간을 대폭으로 단축시켰다. 노동의 시간 감소와 가전제품을 통한 노동의 강도가 줄어듦으로, 가사도우미의 필요성도 줄어들었을 것이다. 여성들은 줄어든 가사노동 시간을 이용하여 노동시장에서 가계소득향상을 위해 일했을 것이다.

　그런데 [표1]을 보면 가전제품은 소득수준이 높은 가정에서 높은 비율로 보급됨을 추측할 수 있다. 즉, 고소득 계층 여성들의 경제참여가 먼저 늘어났을 것이다. 그 결과 고소득 가정의 소득은 저소득 가정에 비해 더 빨리 경제수준이 향상되었을 것이다.

[문항 3] 〈보기〉를 읽고 인공지능의 미래에 대한 A씨의 낙관적 전망에 동의하는지 혹은 동의하지 않는지 어느 한 입장을 정한 뒤, [가]~[라]의 모든 제시문을 활용하되 주된 견해나 관점이 자신의 입장과 같은 제시문의 논거는 지지하고 자신의 입장과 다른 제시문의 논거는 비판하면서 자신의 입장을 옹호하시오. (1000자 내외, 배점 50점)

> 〈보기〉
>
> 미래학자 A씨는 "대부분 사람들은 인공지능이 인간의 일자리를 빼앗을 것이라고 걱정하는데, 성경에 따르면 노동은 신이 내린 형벌"이라면서 "앞으로 노동은 인공지능 로봇이 하고 인간은 예술 등 원하는 것을 하면 되는 시대가 온다"면서 인공지능의 미래를 낙관적으로 전망했다.

1. 전체를 대강보기

〈보기〉를 보면 미래학자 A씨가 인공지능의 미래를 낙관적으로 보면서 '노동은 신이 내린 형벌' 이라고 표현한 점에서 노동이 인간의 자유를 방해하고 시간을 뺏는다는 [가]의 관점과 비슷하다는 점을 알 수 있다.

따라서 만약 〈보기〉의 A씨의 낙관적 전망에 반대한다면 [가]는 비판해야 할 논거가 되고 [가]와 관점이 다른 [나]와 [라]는 지지해야 할 논거가 된다. 그렇다면 [다]는 어떤 논거가 될까? 결론부터 말하면 비판해야 할 논거가 된다. A씨의 낙관적 전망에 반대하는 관점에서 답안을 작성한다.

2. 분석하고 나열하라

1) 〈보기〉를 읽고 인공지능의 미래에 대한 A씨의 낙관적 전망에 동의하는지 혹은 동의하지 않는지 어느 한 입장을— 정하라 : (여기서는 동의하지 않는다는 관점을 택해 글을 쓰겠다)

2) [가]~[라]의 모든 제시문을 활용하여 주된 견해나 관점이 자신의 입장과 같은 제시문의 논거는 지지하고, 자신의 입장과 다른 제시문의 논거는 비판하면서 자신의 입장을 ? 옹호(쟁점)하시오.
  : 동의하지 않는다는 관점을 택할 것이므로 [가]는 비판해야할 논거가 되고 [나], [라]는 지지해야 할 논거가 된다. [다]는 기술의 발전으로 인간이 유연성 있게 시간을 통제하고 사용할 수 있다고 보기 때문에 역시 비판해야 할 논거에 속한다.

3. 제시문을 읽고 출제자의 요구사항에 답을 하라

제시문을 읽고 표를 작성해보자. '결론 – 근거'의 구조로 써도 좋지만 제시문을 읽고 중요한 내용을 간략하게 표에 적어도 무방하다. 이 표에서는 논제의 요구조건에 대한 핵심내용만 제시문에서 찾아 적었다.

요구조건	
〈보기〉의 내용	〈보기〉에서 미래학자 A씨는 인공지능의 미래를 낙관적으로 바라봄 / 인공지능의 발달로 인간은 노동이라는 형벌에서 해방되고 자유를 얻음 / 또한 인간은 인공지능 때문에 노동에서 해방됨으로 원하는 일을 하면서 살아가면 된다고 함
인공지능의 미래에 대한 A의 낙관적 전망에 동의하는지 혹은 동의하지 않는지 한 입장을 정한 뒤	동의하지 않는 입장을 택함
[가]~[라]의 모든 제시문을 활용하되 주된 견해나 관점이 자신의 입장과 같은 제시문의 논거는 지지(쟁점)하고 – [나], [라]	[나]: 주인공은 노동을 못하는 자신의 상황에 무력함과 불안을 느낌 / 새로운 환경에는 육체노동 대신에 일부가 대형기계를 수단으로 일을 함 / 그래서 주인공은 노동과 분리된 자신을 무능하다고 생각하며 삶이 무료하다고 말함 [라]: 신은 인간이 동물과 다른 점은 정의라고 하는데, 이것은 노동 / 왜냐하면 정의롭고 훌륭한 것 앞에 땀을 갖다 놓았다고 표현했기 때문
자신의 입장과 다른 제시문의 논거는 비판하면서 자신의 입장을 옹호(쟁점)하시오 – [가], [다]	[가]: 고대사회에서 노동은 부당한 이익의 착취수단이 아니라 삶에서 자유를 누리기 위한 배제조건 / 왜냐하면 고대인들은 노동과 직업을 노예의 본질을 가진다고 생각했기 때문 / 따라서 노예를 지배하고 소유함으로 자유를 획득하고자 함 [다]: 노동자들의 노동시간은 사회와 역사의 조건에 의해 결정 / 자본주의 체제에서는 사용자와 노동자의 치열한 대립과 투쟁 속에서 노동시간이 결정 / 그런데 오늘날 사용자의 노동시간 유연화 전략은 기업뿐만 아니라 노동자의 지지도 이끌어 냄 / 왜냐하면 기술의 발전, 생활임금의 상승 등으로 일과 생활에서 근로시간을 유연하게 사용할 수 있기 때문

4. 답안을 작성해 보자

〈보기〉에서 미래학자 A씨는 인공지능의 발달로 인간은 노동이라는 형벌에서 해방되고 자유를 얻으며, 자신이 원하는 일을 하면서 살아가면 된다고 한다.

그러나 나는 A의 견해에 **반대한다.** 따라서 [가]의 관점은 비판할 수 있는 논거가 된다. [가]는 고대사회에서 노동은 부당한 이익의 착취수단이 아니라 삶에서 자유를 누리기 위한 배제조건이라고 말한다. 이는 미래학자 A의 관점과 마찬가지로 **인간의 삶에서 노동 그 자체가 주는 가치를 망각하고 있다. 노동은 인간의 삶에서 가치를 주는 수단이지, 인간으로부터 자유와 시간을 빼앗고 고통을 주는 형벌의 역할을 하지 않는다.**

[다]또한 비판할 수 있는 논거가 된다. [다]는 노동자들이 기술의 발전, 생활임금의 상승 등으로 일과 생활에서 근로시간을 유연하게 사용할 수 있고 노동시간을 통제할 수 있다고 말한다. **그러나 기술발전이 가져오는 노동시간의 단축과 유연한 활용은 모두에게 공평하게 분배되지 않을 것이다. 기술의 발전으로 인한 여가의 활용은 기득권 계층에만 해당되고, 일반 노동자들에게는 관계없는 일일 수 있다.**

그러나 [나]의 입장은 미래학자 A씨의 견해에 반대하는 입장을 지지한다. 왜냐하면 노동은 인간의 자유를 방해하는 고통의 요소가 아니라 인간의 정체성을 형성하는 요소이기 때문이다. [나]에서 노동은 두완상에게 자유의 박탈과 시간을 빼앗는 원인이 아니라 삶에서 존재감을 주는 원동력이다. 마찬가지로 [라]도 〈보기〉에 반대하는 견해를 지지하는 논거이다. 〈보기〉에서 미래학자 A씨는 인공지능 기술이 인간을 노동으로부터 해방시키기 때문에 인간은 자신이 원하는 일을 하면서 살면 된다고 말했다.

그러나 기술이 인간을 노동으로부터 완전히 해방할 수도 없거니와, 인간이 원하는 일만 한다고 해서 삶의 질이 높아지진 않는다. 이는 [라]의 시에서도 확인할 수 있다. 시에서 인간은 노동을 통해 정의롭고 훌륭하게 될 수 있다고 말한다. 즉, 노동은 인간으로부터 자유를 박탈하는 과정이 아니라 높은 정신적인 가치를 얻는 과정인 것이다.

4. 제시문의 영어지문을 두려워하지 마라 - 한국외국어대학교

[문제 1] 〈제시문 1〉〈제시문 2〉의 요지와 〈제시문 3〉의 주제의식을 서술하시오. (200자 내외, 100점)

[문제 2] 〈제시문 2〉와 〈 제시문 3〉을 각각 활용하여 〈제시문 1〉의 견해를 비판하시오. (500자 내외, 210점)

〈제시문 1〉

The 'Internet of things' (IoT) is becoming an increasingly growing topic of conversation both in the workplace and outside of it. Simply put, this is the concept of basically connecting any device with an on and off switch to the Internet. This includes everything from cell phones, coffee makers, washing machines, headphones, lamps, wearable devices and almost anything else you can think of. The analyst firm Gartner says that by 2020 there will be over 26 billion connected devices. Some even estimate this number to be much higher, over 100 billion. The IoT is a giant network of connected 'things' which also includes people. The relationship will be between people—people, people—things, and things—things.

The new rule for the future is going to be, "Anything that can be connected, will be connected." But why on earth would you want so many connected devices talking to each other? There are many examples for what this might look like or what the potential value might be. Say for example you are on your way to a meeting; your car could have access to your calendar and already know the best route to take. If the traffic is heavy your car might send a text to the other party notifying them that you will be late. On a broader scale, the IoT can be applied to things like transportation networks: 'smart cities' which can help us reduce waste and improve efficiency for things such as energy use; this helping us understand and improve how we work and live. The reality is that the IoT allows for virtually endless opportunities and connections to take place, many of which we can't even think of or fully understand the impact of today.

* Internet of things(IoT): 사물인터넷

— J. Morgan, "A Simple Explanation of 'The Internet of Things'", Forbes

〈제시문 2〉

미셸 푸코는 근대 이전의 군주 권력이 만인이 한 사람의 권력자를 우러러보던 시선으로 특징지어졌다면, 근대의 규율 권력은 한 사람의 권력자가 만인을 감시하는 시선으로 특징지어진다고 보았다. 푸코는 이러한 변화를 상징하고 이를 추동(推動)한 것이 다름 아닌 영국의 공리주의 철학자 벤담이 1791년에 제안한 원형 감옥 패놉티콘이라고 말했다. 벤담은 그리스어로 '다 본다(Pan: all + Opticon: seeing 또는 vision)'라는 의미를 가진 이것을 자신이 설계한 감옥을 지칭하는 용어로 새롭게 사용했다. 죄수는 간수를 볼 수 없는 상태로 항상 보이기만 하고, 간수는 보이지 않는 상태로 항상 모든 죄수를 감시할 수 있었다. 이 시선의 '비대칭성(非對稱性)'이 패놉티콘의 핵심구조였다. 벤담 자신이 강조했듯이 패놉티콘은 '죄수들이 언제나 감시받고 있다고 생각'하게 만드는 '감시의 환영(幻影)'을 창조한 극장이었다.

벤담은 그의 책 『패놉티콘』의 서문에서 패놉티콘을 통하여 "도덕이 개혁되고, 건강이 보존되며, 산업이 활성화되고, 훈령(訓令)이 확산되며, 대중의 부담이 감소되고, 경제가 반석에 오른다"라고 함으로써 그 응용 가능성을 강조했다. 패놉티콘은 죄수를 교화하기 위해 설계되었지만 환자를 치료하거나 학생을 교육하는 곳, 노동자를 감독하는 곳, 정신병자

를 가두는 곳, 그리고 거지와 게으름뱅이의 재활 시설에도 적용될 수 있다는 것이다.

푸코는 이 점에 주목하여 패놉티콘의 의미 범주를 확장 해석하였다. 패놉티콘을 통한 규율이라는 것이 범죄자를 감금하는 영역에서 벗어나 무한히 확장될 수 있다고 보았다. 그는 패놉티콘형 감시와 통제가 '가장 미세하고 가장 멀리 떨어진 요소들에까지 권력의 효과를 미칠 수 있는' 권력의 메커니즘으로 재탄생했다고 의미를 부여했다.

– ○○출판사《고등학교 독서와 문법》에서 재구성

〈제시문 3〉

언제나 안개가 짙은

안개의 나라에는

아무 일도 일어나지 않는다

어떤 일이 일어나도

안개 때문에

아무것도 보이지 않으므로

안개 속에 사노라면

안개에 익숙해져

아무것도 보려고 하지 않는다

안개의 나라에서는 그러므로

보려고 하지 말고

들어야 한다

[문제 1] 〈제시문 1〉〈제시문 2〉의 요지와 〈제시문 3〉의 주제의식을 서술하시오.
(200자 내외, 100점)

1. 전체를 대강보기

이 문제의 답안을 작성하는 것도 중요하지만, '대립구도'를 통한 사고방식의 중요성을 한 번 더 강조하려고 한다. '대립구도'의 사고방식을 가지고 있으면 어려운 제시문이라도 쉽게 접근할 수 있기 때문이다. [문제 1]은 제시문 1~3의 핵심을 파악해서 200자 내외의 답안을 쓰면 된다. 그런데 가만히 보면 〈제시문 2〉가 그나마 내용을 파악하기 쉬워 보인다. 왜냐하면 〈제시문 1〉은 영어지문이고, 〈제시문 3〉은 '시(詩)'기 때문에 처음엔 독해가 어려워 보일 수 있다.

그러나 이 문제는 조금만 생각해보면 그렇게 어려운 문제가 아니다. 물론, 〈제시문 1〉의 영어지문을 척척 독해한다면 문제 풀이가 더 수월했겠지만, 그렇지 못할 경우도 있을 것이다. 그런데 우리는 이미 이 책을 통해 '대립구도'라는 사고방법에 대해서 잠깐 익혔다.

이 '대립구도'를 통해 잠시 [문제 2]의 논제만 살펴보자. 문제에서 '〈제시문 2〉와 〈제시문 3〉을 각각 활용하여 〈제시문 1〉의 견해를 비판하라'고 말하기 때문에 아마도 〈제시문 2〉와 〈제시문 3〉은 서로 견해가 비슷하고 〈제시문 1〉은 〈제시문 2, 3〉과 견해가 다를 것이라는 '대립'을 '추측'할 수 있다.

2. 제시문들의 내용을 파악해보자

따라서 〈제시문 2〉를 먼저 간단히 요약해보자. 다음과 같이 정리해 보았다.

〈제시문 2〉의 요지 : 근대 규율 권력의 특징은 권력자가 만인을 미세한 영역까지 감시하고 통제할 수 있는 메커니즘임을 패놉티콘을 예를 들어 설명하고 있음

그렇다면 앞에서 말했듯 〈제시문 3〉은 〈제시문 2〉의 핵심과 논지를 같이할 가능성이 높기 때문에, 다음과 같은 추론을 해볼 수 있다.

근대 규율권력의 특징(패놉티콘의 예) → 안개
만인을 미세한 영역까지 감시, 통제 → '안개에 익숙해져 아무것도 보려고 하지 않는다'

또한 논제에서 〈제시문 3〉은 요지가 아니라 '주제의식'을 서술하라고 한다. 이 논점에 대한 힌트는 어디에서 얻을 수 있을까? 시에서 안개에 익숙

해진 현재의 부정적인 상황에서 '대안'을 이야기하는 마지막 시구인 '그러므로 보려고 하지 말고 들어야 한다' 에서 파악할 수 있을 것이다.

'그러므로 보려고 하지 말고 들어야 한다' → 현 상황에 따르지 말고 새로운 방법으로 대처해야 한다.

그렇다면 〈제시문 2, 3〉은 근대의 규율특징과 그 규율사회를 안개로 빗대어 부정적인 면을 설명하고 있으니까, 이와 대립구도인 〈제시문 1〉도 한번 추측해 볼 수 있지 않을까? 아마도 우리의 삶속에서 개인의 정보나 상황을 쉽게 파악할 수 있는 장치나 환경의 긍정적인 면을 설명하고 있을 것이다. 한국외국어대학교 2017년 모의고사 해설에서는 다음과 같이 〈제시문 1〉을 번역하고 있다. 〈제시문 1〉의 핵심 내용은 번역의 마지막 문장에 있다.

사물인터넷은 직장 안과 밖에서 점점 화두가 되어가고 있다. 간단하게 말해서 사물인터넷이란 켰다 껐다 하는 스위치가 달린 모든 기기를 인터넷과 연결시킨다는 개념이다. 이는 휴대폰, 커피메이커, 세탁기, 헤드폰, 램프, 몸에 장착 가능한 기기(wearable devices) 등을 포함한다. 리서치기관인 가트너(Gartner)에 의하면 2020년에는 260억 개 이상의 기기들이 연결되어 있을 것이라고 한다. 심지어 어떤 사람들은 이 수치를 훨씬 더 많은 1,000억 개로 예상하기도 한다. 사물인터넷은 사물들의 거대한 네트워크이며 이는 사람도 포함한다. 이 때의 관계란 사람과 사람, 사람과 사물, 사물과 사물 간의 관계를 말한다.

미래에는 "연결가능한 모든 것이 연결될 것이다"라는 말이 새로운 규칙이 된다. 왜 사람들은 서로가 서로에게 말하는 이 많은 기기들을 원하는 것일까? 이러한 세상의 모습은 어떠하며 어떤 잠재적 가능성이 있는지 보여주는 많은 예들이 있다. 가령 당신이 회의에 가는 길이라고 하자. 자동차가 당신의 스케줄을 보고 어떤 길로 가야하는지 미리 알 수도 있다. 교통체증이 있다면 자동차는 상대방에게 당신이 늦을지도 모른다고 알려주는 메시지를 보내기도 한다. 보다 광범위하게는 교통 네트워크에 사물인터넷이 도입되어 "똑똑한 도시"를 만들어 낼 수도 있다. 이러한 도시는 쓰레기를 줄이고 에너지를 효율적으로 사용하도록 돕는다. 이로써 우리는 우리가 어떻게 일하고 생활하는가를 이해하여 발전시킬 수 있는 것이다. <u>사실 사물인터넷은 오늘날의 우리들은 생각할 수도 없고 그 영향력을 완전하게 이해할 수도 없을 정도로 무한한 기회를 제공하고 모든 것을 연결시킬 것이다.</u>

역시 대립구도의 관점으로 추측 한 것처럼 〈제시문 1〉은 오늘날 사물인터넷 네트워크의 긍정적 기능, 즉 편리함과 영향력 그리고 무한한 기회를 제공하고 있는 특징을 말하고 있다.

물론 영어에 자신 있는 수험생들은 〈제시문 1〉부터 독해해서 그 핵심을 정리해도 좋다. 그러나 영어에 자신이 없는 학생도 다른 제시문을 통해서 영어 지문을 추론할 수 있음을 알아야 할 것이다. 〈제시문 1〉의 요지를 정리해 보자.

〈제시문 1〉의 요지 : 오늘날 사물인터넷은 인간 생활에 무한한 기회를 제공하고 편리함을 줄 것이라고 생각함

3. 답안을 작성해보자

〈제시문 1〉은 오늘날 사물인터넷이 인간 생활에 무한한 기회를 제공하고 편리함을 줄 것이라고 말한다. 〈제시문 2〉는 근대 규율 권력의 특징은 권력자가 만인을 미세한 영역까지 감시하고 통제할 수 있는 메커니즘임을 패놉티콘을 예를 들어 설명하고 있다. 〈제시문 3〉은 안개에 쌓인 상황에 익숙해지지 말고, 새로운 방법으로 대안을 모색해야 한다고 말한다.

[문제 2] 〈제시문 2〉와 〈제시문 3〉을 각각 활용하여 〈제시문 1〉의 견해를 비판하시오. (500자 내외, 210점)

1. 분석하고 나열하라

'〈제시문 2〉와 〈제시문 3〉을 각각 활용하여'를 눈여겨보아야 한다. 따라서 다음과 같이 논제를 크게 나눌 수 있겠다.

1) 〈제시문 2〉를 활용하여 〈제시문 1〉의 견해를 비판하라
2) 〈제시문 3〉을 활용하여 〈제시문 1〉의 견해를 비판하라

2. 제시문을 읽고 출제자의 요구사항에 답을 하라

표를 만들고, 논점에 대한 결론만 간단하게 적어 보았다.

논제분석	
〈제시문 1〉의 견해(비판대상)	결론 : 오늘날 사물인터넷 세상에 대한 긍정적인 전망
〈제시문 2〉(비판 기준)	결론 : 패놉티콘의 예가 보여주는 감시와 통제
〈제시문 3〉(비판 기준)	결론 : 안개의 나라에서는 안개에 익숙해져 있기 때문에 보지말고 들어야 함
〈제시문 2〉를 활용하여 〈제시문 1〉의 견해를 비판하라	결론 : 패놉티콘의 예가 보여주는 감시와 통제의 부정적인 면이 사물인터넷 세상에서도 나타날 수 있음
〈제시문 3〉을 활용하여 〈제시문 1〉의 견해를 비판하라	결론 : 사물인터넷 세상의 편리함과 효율성에 빠져 인간의 주체성과 비판적 시각을 잃을 수 있음
대립구도 / 주제문	대립구도 : 오늘날 사물인터넷 환경의 편리성과 기회 vs 근대 규율사회의 위험성과 부정적인 면 주제문 : 500자 이내의 문제이기 때문에 주제문을 작성하지 않아도 무방할 것이다.

3. 답안을 작성해 보자

　〈제시문 1〉은 사물인터넷 세상에 대한 낙관적 전망을 말하지만, 사물 인터넷 세상은 〈제시문 2〉의 패놉티콘이 보여주는 감시와 통제라는 부정적인 측면이 나타날 수 있다. 사물인터넷 사회도 기술을 통해 인간의 행동과 움직임을 파악하고 감시할 수 있다는 점에서 패놉티콘과 비슷한 면이 있다. 따라서 근대 규율 사회의 권력자가 패놉티콘과 같은 메커니즘을 통해 만인을 세밀히 관찰할 수 있었던 것처럼, 사물 인터넷 공동체에서도 거대한 정보를 수집한자가 권력을 소유할 가능성이 크다.

　또한 〈제시문 3〉의 시는 사람들이 점차 안개에 익숙해져서 보이지 않는 것에 대해 포기하는 모습을 보여준다. 이처럼 사물 인터넷 사회에서도 그 환경의 편리함과 효율성에 빠져 사람들이 주체성과 비판적 시각을 잃을 수 있다. 그러므로 시에서는 그 대안으로 안개로 보지 못할 때 '들어야 함'을 제시하고 있다. 이처럼 사물인터넷 세상에도 비판적 시각을 견지하여 인간의 주체성을 잃어서는 안 될 것이다.

[문제 3] 〈제시문 4〉와 〈제시문 5-가〉를 비교 · 분석하시오. (400자 내외, 180점)

[문제 4] 〈제시문 5〉의 카네만과 트버스키가 제시한 가치 함수 그래프가 의미하는 바를 설명하고, A와 B가 가치 함수에 근거하여 각각 어떤 선택을 할지 추론하고 그 이유를 제시하시오. (500자 내외, 210점)

〈제시문 4〉

내가 아직 요동 땅에 들어서지 않았을 때 갑자기 큰 강물이 앞에 나오는데, 천 리 밖에 폭우가 내려 붉은 파도가 산처럼 일어서며 무척 위태로웠는데 강물 소리는 전혀 들리지 않았다. 사람들은 요동 평야가 평평하고 광활하기 때문에 물줄기가 성내 울지 않는다고 말한다. 이것은 황하를 모르고 하는 소리다. 황하가 울지 않는 것이 아니라, 한밤중에 건너지 않았기 때문일 뿐이다. 낮에는 능히 물을 볼 수가 있다. 눈이 온통 위험한 데로만 쏠려서 바야흐로 부들부들 떨려 도리어 눈이 있음을 근심해야 할 판인데 어찌 물소리가 들리겠는가? 이제 내가 한밤중에 강물을 건너매, 눈에 위태로움이 보이지 않자 위태로움이 온통 듣는 데로만 쏠려서 귀가 바야흐로 덜덜 떨려 그 걱정스러움을 견딜 수가 없었다.

내가 이제야 도를 알았다. 마음이 텅 비어 고요한 사람은 귀와 눈이 탈이 되지 않고, 눈과 귀만을 믿는 자는 보고 듣는 것이 자세하면 자세할수록 더더욱 병통이 되는 것임을. 내 마부가 말에게 발을 밟혀 뒤 수레에 실리고 보니, 마침내 고삐를 놓고 강물 위에 떠서 안장 위에 무릎을 올려

196

발을 모으자, 한번 떨어지면 그대로 강물이었다. 강물로 땅을 삼고 강물로 옷을 삼고 강물로 몸을 삼고 강물로 마음을 삼아 한번 떨어질 각오를 하고 나자 내 귓속에 마침내 강물 소리가 들리지 않았다. 무릇 아홉 번을 건넜으되 아무 걱정 없는 것이, 마치 앉은 자리 위에서 앉고 눕고 기거하는 것만 같았다.

— 박지원 「일야구도하기(一夜九渡河記)」에서 발췌

〈제시문 5〉

(가) 왼손은 얼음물을 담은 컵에, 오른손은 뜨거운 물을 담은 컵에 담근다. 1분 정도 후에 미지근한 물을 담은 컵에 두 손을 담가 보자. 그러면 똑같은 물이지만 왼손에는 그 물이 따뜻하게 느껴지고, 오른손에는 차갑게 느껴질 것이다. 이러한 현상은 어떤 자극의 강도에 대한 지각은 그 자극의 절대적인 강도에 의존하는 것이 아니라 상대적인 강도에 의존한다는 것을 의미한다. 다시 말하면 지각 경험은 그 배경에 의해 영향을 받는다.

(나) 카네만과 트버스키는 가치 함수를 통해 기대이론을 효과적으로 설명하고 있다. 그들의 이론은 사람들이 현재의 상태에서 유리해지는 변화를 이득으로, 불리해지는 변화를 손실로 바라본다고 가정한다. 사람들은 의사결정을 할 때 이득이나 손실의 기댓값 그 자체가 아니라 그로부터 느끼는 만족감이나 상실감과 같은 주관적인 가치의 크기에 따라 선택을 한다. 그러므로 기대이론은 우리가 어떤 대상에 대해 판단할 때 그 자체에 대해서 판단하는 것이 아니라 다른 것들과의 상관관계 속에서 그

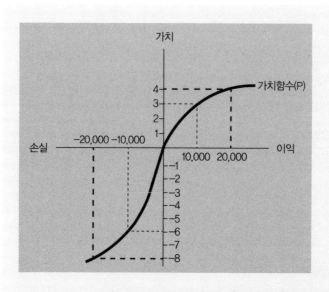

대상을 판단한다는 것을 설명하는 이론이라고 할 수 있다.

　－『EBS 인터넷 수능 국어 영역 화법과 작문 & 독서와 문법 (A형, B형)』(2014년)

〈자료〉

(가) 누군가가 A에게 다음과 같은 제안을 했다고 가정해 보자. 첫째, 무조건 10,000원을 받는다. 둘째, 50% 확률로 0원을 받거나 20,000원을 받는다. 둘 중 한 가지를 선택하라면 어느 것을 선택하겠는가? 기댓값의 관점에서 보면 둘 중 어느 쪽을 선택해도 차이가 없다. 어떤 선택의 기댓값이란 선택한 사건이 일어날 확률에 그 사건이 일어남으로써 얻게 될 이득을 곱한 값이다. 앞의 예에서, 첫 번째 선택지는 무조건적 선택이므로 확률은 1이고 그 이득은 10,000원이다. 두 번째 선택의 기댓값은 0.5

의 확률에 각각 이득 0원을 곱한 값과 20,000원을 곱한 값의 합인 10,000원이다.

(나) B가 교통 신호를 위반했을 때 그에게 두 가지 선택지가 있다고 가정하자. 첫째, 경찰에 위반 사실을 자진해서 알리고 10,000원의 벌금을 낸다. 둘째, 모른 척하고 있다가 적발되어 20,000원의 벌금을 내거나, 적발되지 않아 벌금을 한 푼도 내지 않는다. 물론 적발될 확률과 적발되지 않을 확률은 각각 50%이다. 어떤 것을 선택하겠는가? 두 가지 중 어느 것을 선택해도 기댓값은 벌금 10,000원으로 같다.

ㅡ『EBS 인터넷 수능 국어 영역 화법과 작문&독서와 문법 (B형)』(2014년)

[문제 3] 〈제시문 4〉와 〈제시문 5-가〉를 비교·분석하시오. (400자 내외, 180점)

1. 전체를 대강보기

〈제시문 4〉와 〈제시문 5-가〉를 일단 독해하고 요약한다. 그런 다음 양쪽 제시문의 공통점과 차이점을 밝히면 될 것이다. 비교는 공통점과 차이점을 밝히는 행위이다.

2. 분석하고 나열하라

위 논제는 크게 두 가지 논점으로 나뉜다.
1) 〈제시문 4〉와 〈제시문 5-가〉의 공통점을 밝혀라.
2) 〈제시문 4〉와 〈제시문 5-가〉의 차이점을 밝혀라.

일단 〈제시문 4〉, 〈제시문 5〉내용의 제시문을 두 번 이상 읽고 밑줄 친 부분을 보면서 정리하면 요약이 쉽게 되어 비교, 분석하기 쉬울 것이다. 자신이 중요하다고 생각되는 부분에 두 번 정도 밑줄 치면서 읽고, 그 부분만 따로 모아보면 다음과 같다.

〈제시문 4〉 :
1) 천 리밖에 폭우가 내려 붉은 파도가 산처럼 눈이 온통 위험한 데로만 쏠려서 바야흐로 부들부들 떨려 도리어 눈이 있음을 근심해야 할 판인데 어찌 물소리가 들리겠는가?
2) 이제 내가 한밤중에 강물을 건너매, 눈에 위태로움이 보이지 않자 위태로움이 온통 듣는 데로만 쏠려서 귀가 바야흐로 덜덜 떨려 그 걱정스러움을 견딜 수가 없었다. 일어서며 무척 위태로웠는데 강물 소리는 전혀 들리지 않았다.
3) 마음이 텅 비어 고요한 사람은 귀와 눈이 탈이 되지 않고, 눈과 귀만을 믿는 자는 보고 듣는 것이 자세하면 자세할수록 더더욱 병통이 되는 것임을
4) 강물로 땅을 삼고 강물로 옷을 삼고 강물로 몸을 삼고 강물로 마음을

삼아 한번 떨어질 각오를 하고 나자 내 귓속에 마침내 강물 소리가 들리지 않았다.

> 요약 : 화자는 낮에 눈에 보이는 파도 때문에 강물 소리를 듣지 못하고, 밤에는 파도가 보이지 않자 이제 강물소리 때문에 걱정하게 된다. 따라서 화자는 삶에서 마음을 비워 평정심을 가지고 눈과 귀를 통한 감각에 의존하지 않아야 함을 이야기 한다.

〈제시문 5-가〉 :

1) ~그러면 똑같은 물이지만 왼손에는 그 물이 따뜻하게 느껴지고, 오른손에는 차갑게 느껴질 것이다.

2) 이러한 현상은 어떤 자극의 강도에 대한 지각은 그 자극의 절대적인 강도에 의존하는 것이 아니라 상대적인 강도에 의존한다는 것을 의미한다.

3) 다시 말하면 지각 경험은 그 배경에 의해 영향을 받는다.

> 요약 : 〈제시문 5-가〉의 실험에서는 따뜻한 물 또는 차가운 물에 손을 담근 경험에 따라 나중의 미지근한 물에 손을 다시 넣었을 때 온도를 다르게 느낀다는 것을 이야기한다. 그러므로 사물에 대한 지각은 고정된 것이 아니라 경험 배경에 따라 상대적으로 달라질 수 있음을 알 수 있다.

따라서 두 제시문의 공통점은 쉽게 발견될 것이다. 그 공통점은 바로 '지각경험이 배경에 따라 달라질 수 있다'는 것이다. 이제 차이점을 발견해보자. 어느 부분에서 발견할 수 있을까? 두 제시문이 밝히고 있는 핵심요지 중에 다른 점은 〈제시문 4〉에 있다.

그 부분은 제시문의 '마음이 텅 비어 고요한 사람은 귀와 눈이 탈이 되지 않고, 눈과 귀만을 믿는 자는 보고 듣는 것이 자세하면 자세할수록 더더욱 병통이 되는 것임을'이라는 대목이다. 따라서 답안을 다음처럼 작성해 보았다.

> 두 제시문이 공통적으로 말하는 것은 사물에 대한 지각 경험이 고정된 것이 아니라 배경에 따라 달라질 수 있다는 점이다. 〈제시문 4〉에서 화자는 낮에 눈에 보이는 파도 때문에 강물 소리를 듣지 못하고, 밤에는 파도가 보이지 않자 이제 강물소리 때문에 걱정하게 된다. 또한 〈제시문 5-가〉의 실험에서는 따뜻한 물 또는 차가운 물에 손을 담근 경험에 따라 나중 미지근한 물에 손을 다시 넣었을 때 온도를 다르게 느낀다는 것을 보여준다.
>
> 반면에 두 제시문은 차이점도 존재한다. 〈제시문 5-가〉의 실험은 지각 경험이 배경에 따라 상대적으로 달라질 수 있다는 사실 보여주지만, 〈제시문 4〉에서는 감각은 상대적인 것이므로 그것에 의존하는 것이 아니라 마음의 평정을 유지해야 한다는 대안까지도 제시하고 있는 것이다.

[문제 4] 〈제시문 5〉의 카네만과 트버스키가 제시한 가치 함수 그래프가 의미하는 바를 설명하고, A와 B가 가치 함수에 근거하여 각각 어떤 선택을 할지 추론하고 그 이유를 제시하시오.(500자 내외, 210점)

1. 분석하고 나열하라

위 논제도 크게 2가지로 다음과 같이 나눌 수 있겠다. 이때 2)에서 '가치 함수의 의미'가 판단기준이 되고 있음을 눈여겨보아야 한다. 따라서 가치함수의 의미만 잘 해석해서 A,B의 상황과 결합해서 판단하면 이 문제도 쉽게 풀린다.

1) 〈제시문 5〉의 카네만과 트버스키가 제시한 가치 함수 그래프가 의미하는 바를 설명하라
2) A와 B가 가치 함수에 근거하여(기준) 각각 어떤 선택을 할지 추론하고 그 이유를 제시하라

2. 제시문을 읽고 출제자의 요구사항에 답을 하라

표를 만들어 차근차근 논점에 대해 정리하면 된다.

논점	
〈제시문 5〉의 카네만과 트버스키가 제시한 가치 함수 그래프의 의미	1) 동일한 손실이나 이익이라도 손실에 의한 가치하락 폭이 이익에 의한 가치 상승 폭보다 크다. 2) 이익이나 손실의 크기가 클수록 가치 함수의 기울기가 완만해지므로 가치의 변화 폭이 줄어들고 있다.
A에 대한 제안	1) 무조건 10,000을 받거나 2) 50%확률로 0원을 받거나 20,000을 받음 3) 기댓값의 관점에서는 차이가 없음
B의 교통신호 위반 상황	1) 자진해서 10,000의 벌금을 내거나 2) 모른 척하고 있다 적발되어 20,000원을 내거나 적발되지 않아 벌금을 내지 않음 3) 기댓값의 관점은 차이가 없음

A와 B가 가치 함수에 근거하여(기준) 각각 어떤 선택을 할지 추론하고 그 이유를 제시	1) 결론 : A는 10,000을 받는 선택을 할 것
	  근거 : 10,000을 받는 경우(가치 3)
	  근거 : 50%확률로 0원 받는 경우(가치 0)
	  50%확률로 20,000원 받는 경우(가치 4)
	  *(따라서 평균 가치는 2)
	2) 결론 : B는 교통 위반에 모른 척 하는 선택을 할 것
	  근거 : 자진해서 10,000의 벌금을 냄(-6)
	  근거 : 모른척하다가 적발되어 20,000원을 냄(가치 -8)
	  적발되지 않아 벌금을 한 푼도 내지 않음(가치 0)
	  *(따라서 평균 가치는 -4)

대립구도 / 주제문	500자 이내의 문제이므로 작성하지 않음

3. 답안을 작성해 보자

    가치함수 그래프에서는 두 가지 사실을 먼저 알 수 있다. 첫째, 손실에 따른 가치 하락 폭이 이익에 따른 가치 상승 폭보다 크다. 둘째, 이익이나 손실의 크기가 커질수록 가치의 변화 폭이 줄어드는데 이는 함수의 기울기가 점점 완만해져가는 부분에서 파악할 수 있다.

    가치함수를 근거로 할 때, (가)에서 A는 10,000을 받는 경우를 선택할 것이다. 무조건 10,000을 받는 경우의 가치는 3이지만 50%확률로 0원을 받거나 20,000원을 받는 경우는 각각의 가치가 0과 4이므로 평균 가치가 2일 뿐이기 때문이다. 따라서 A는 가치가 큰 전자의 경우를 택할 것이다.

    또한 (나)에서 B는 50%의 확률로 벌금을 피할 수 있는 선택지를 택할 것이다. 그래프에 따르면, 자진해서 10,000의 벌금을 낼 때 자신이 느끼는 가치가 −6이지만, 적발될 경우 가치는 −8, 적발되지 않는 경우 가치는 0으로, 합해서 평균가치가 −4가 되기 때문이다. 따라서 B는 가치의 상실이 적은 후자를 택할 것이다.

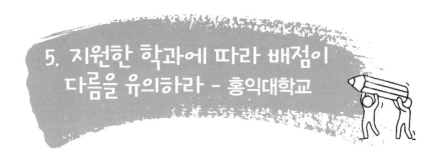

5. 지원한 학과에 따라 배점이 다름을 유의하라 – 홍익대학교

[문제 1] 제시문 (가)를 바탕으로 제시문 (나), (다), (라)의 여행자가 밑줄 친 장소에서 느낀 낯섦의 이유들을 논하고, 여행에서 얻은 것들을 설명하시오.(800±100자) (문과대학, 사범대학 및 예술학과 지원자에게는 타 문제의 2배의 배점)

(가)

넓은 의미에서 인간은 낯선 것을 접하는 과정을 통해 성장한다. 인간이 공간을 이동하는 행위도 이와 관련이 있는데 집과 고향이라는 좁고 익숙한 영역과 이곳을 떠난 인간이 진출했다가 다시 돌아오는 바깥의 넓고 낯선 영역, 이 두 영역으로의 분할은 체험공간 전체의 구조에서 가장 중요한 분할이다. 일반적으로 낯선 것은 아는 것, 익숙한 것, 내 것의 반대이다. 낯선 것은 종종 나를 불안하게 만들고 나의 안전을 위협하는 다른 것이다. 그래서 인간은 자기 고향에서 쫓겨나 낯선 곳에서 살아야 하는 것을 불행으로 여기기도 한다.

인간이 익숙한 세계에서 낯선 환경으로 내던져지면, 주변 사람들과 사물에 대해 가지고 있던 당연하고 익숙한 느낌은 사라진다. 그는 이해할 수 있는 세계에서 이해할 수 없는 세계로 들어간다. 이 세계에서 인간은 불안을 느끼고 다른 사람들의 삶에서 배제된 느낌을 받는다. 그러나 낯선 곳이라고 해서 반드시 공간적으로 멀리 떨어진 지역일 필요는 없다. 낯선 곳은 인간을 에워싼 가장 가까운 영역까지 침투해 그를 압도하는 힘으로 나타날 수 있다. 우리가 사는 집에 낯선 사람이나 낯선 세력이 침입할 수 있고, 우리 자신의 삶도 우리에게 낯설어질 수 있다.

그런데 인간은 직업상 부득이한 일이 있거나 낯선 땅에서 새로운 것을 배우려 할 때 자진해서 낯선 곳에 가기도 한다. 여하튼 낯선 곳은 일시적인 체류지이기 때문에 인간은 목적을 달성하면 그곳을 떠나 다시 집으로 돌아온다. 이렇게 해서 원래 낯익은 것과 낯선 곳에서 배운 것 사이에 생산적인 대화가 일어난다.

(나) 7월 초 8일, 맑다.

나는 사신 박명원과 같은 가마를 타고 삼류하를 건너 냉정에서 아침밥을 먹었다. 십여 리 남짓 가다가 산기슭 하나를 돌아 나가니 하인 태복

이 허리를 굽히고 말 앞으로 달려와 땅에 엎드리고 큰 소리로 말한다.

"백탑(白塔)*이 나타났음을 아뢰오."

아직 산기슭이 가로막고 있어 백탑은 보이지 않았다. 말을 급히 몰아 수십 보를 채 못가서 겨우 산기슭을 벗어났는데, 눈앞이 어질어질하더니 갑자기 헛것이 오르락내리락한다. 오늘 나는 알았다. 사람이란 본래 붙어 의지할 곳 없이 단지 하늘을 이고 땅을 밟고 이리 저리 다니는 존재라는 것을. 말을 세우고 사방을 둘러보다가 나도 모르게 손을 들어 이마에 얹고, "좋은 울음터로다. 한바탕 울어 볼 만하구나!"라고 했다. 그러자 정 진사가 "천지간에 이렇게 시야가 툭 트인 곳을 만나서는 별안간 통곡할 것을 생각하시니 무슨 까닭이오?"라고 묻기에 나는 말했다.

"사람들은 슬픈 감정만이 울음을 자아내는 줄 알지만, 이는 지극한 감정을 겪어보지 못한 채 슬픔에만 울음을 짜 맞춘 것이네. 기쁨, 노여움, 즐거움, 사랑, 미움, 욕심도 극에 달하면 울게 되니, 답답한 감정들을 확 풀어 버리려고 할 때 소리쳐 우는 것보다 더 빠른 것은 없네. (중략) 갓난아이가 어머니 태중에 있을 때, 캄캄하고 막히고 좁은 곳에서 웅크리고 부대끼다가 갑자기 넓은 곳으로 빠져나와 손과 발을 펴서 기지개를 켜고 마음과 생각이 확 트이게 되니, 어찌 참소리를 질러 억눌렸던 감정을 다 크게 씻어 내지 않을 수 있겠는가! 그러므로 거짓과 조작이 없는 갓난아이의 참소리를 마땅히 본받는다면, 금강산의 비로봉에 올라 동해를 바라보는 것이 한바탕 울 자리를 만들 것이요, 황해도 장연의 금사산에 가는 것도 한바탕 울 자리를 만들 것이네. 지금 요동 벌판에 이르러 여기부터 산해관(山海關)**까지 일천이백 리가 사방에 도무지 한 점의 산이라고는 없이 하늘 끝과 땅 끝이 아교로 붙인 듯 실로 꿰맨 듯하고 고금(古今)으로 비와 구름만이 아득하니, 이 역시 한바탕 울 자리가 될 것이네."

* 백탑(白塔) : 표면에 흰 색을 칠한 중국의 불탑

** 산해관(山海關) : 만리장성의 동쪽 끝에 있는 관문

(다)

1790년 봄, 스물일곱 살의 프랑스인 사비에르 드 메스트르는 자신의 침실을 여행하고, 나중에 그것을 『나의 침실 여행』이라는 제목으로 출판했다. 이야기는 다음과 같이 시작한다.

"나는 문을 잠그고 분홍색과 파란색이 섞인 파자마로 갈아입는다. 짐을 챙길 필요도 없이 방에서 가장 큰 가구인 소파를 여행한다. 이 여행을 통해서 평소의 무기력을 털어버리고, 새로운 눈으로 소파를 바라보며 그 특징 몇 가지를 재발견한다. 소파 다리의 우아함에 감탄하며, 그 푹신푹신한 곳에 웅크리고 사랑과 출세를 꿈꾸며 보냈던 즐거운 시간들을 기억해낸다. 이제 나는 소파에서 침대를 훔쳐본다. 이번에도 여행자라는 유리한 입장에서 이 복잡한 가구를 제대로 평가할 수 있다. 그 안에서 보낸 밤들에 고마움을 느끼며, 침대보가 파자마와 조화를 이룬다는 사실에 자부심을 느낀다. 이것이 깊이 잠들지 못하는 사람에게 차분함과 즐거운 백일몽을 안겨주기 때문이다."

드 메스트르의 작품은 심오하고 의미심장한 통찰로부터 출발했다. 우리가 여행으로부터 얻는 즐거움은 여행의 목적지보다는 여행하는 심리

에 더 좌우될 수도 있다는 것이다. 여행의 심리를 우리 자신이 사는 곳에 적용할 수 있다면, 이런 곳들도 남아메리카의 높은 산 고개나 나비가 가득한 밀림만큼이나 흥미로운 곳이 될 수 있다. 그렇다면 여행하는 심리란 무엇인가? 수용성이 제일의 특징이라고 말할 수 있을 것이다. 수용적인 태도가 되면, 우리는 겸손한 마음으로 새로운 장소에 다가가게 된다. 어떤 것이 재미있고 어떤 것이 재미없다는 고정관념은 버리고 간다.

(라)

나는 대서양과 적도를 건너서 열대 부근에 왔다는 사실을 몇몇 확실한 징표로 알 수 있었다. 이 징표 가운데서 후텁지근한 열기는 내가 보통 때 입고 있던 모직 옷을 벗게 하였고, '집 안'과 '집 바깥'이라는 구별을 없애버렸다. 옷과 집은 우리가 속한 문명의 징표 가운데 하나였다. 반면에 완전히 인간화해버린 우리네 풍경에서는 찾아볼 수 없는, 인간과 미개척 자연과의 대립이 이곳에는 있음을 나는 곧 알 수 있었다. 이곳에는 도처에 종려나무나 낯선 꽃들이 있으며, 또한 꼭지를 떼어내면 술 냄새가 물씬 나는 달콤하고 시원한 즙을 마실 수 있는 푸른 야자나무 열매가 수북이 쌓여 있었다.

하지만 나는 인류학자로서 다른 변화도 느꼈다. 지금까지는 가난하였던 내가 이곳에서는 부자가 되었다. 그 이유는 무엇보다도 나의 물질적 조건이 바뀌었다는 것, 이 지역의 물건들이 믿을 수 없을 만큼 값이 싸다는 것이었다. 예컨대 파인애플 한 개에 1프랑, 커다란 바나나 한 꾸러미가 2프랑, 이탈리아인 상점 주인이 꼬챙이에 꿰어 구워준 병아리 구이가 4프랑밖에 하지 않았다. 마치 프랑스 동요에 나오는 버터 빵 궁전에 온 기분이었다. 일반적으로 말해서 여행은 크든지 작든지, 더 좋든지 아니면 더 나쁘든지 간에 어떤 종류의 변화를 여행자에게 나타나게 하는 법이다. 여행자는 이 세계에서 기어오를 수도 있고 내려갈 수도 있다. 여행자가 방문하는 지역의 향기와 느낌은 그가 그 곳에서 차지하게 될 사회적 척도상의 위치와 함께 그의 마음속에서 분리될 수 없는 것이다.

[문제 1] 제시문 (가)를 바탕으로 제시문 (나), (다), (라)의 여행자가 밑줄 친 장소에서 느낀 낯섦의 이유들을 논하고, 여행에서 얻은 것들을 설명하시오.(800±100자)
(문과대학, 사범대학 및 예술학과 지원자에게는 타 문제의 2배의 배점)

1. 전체를 대강보기

'제시문 (가)를 바탕으로~'라는 말로 논제는 시작한다. 역시 이 문제에서도 (가)라는 '기준'을 주고 있다. 그러므로 이 문제는 (가)를 잘 이해하고 정리한다면 어렵지 않다. 앞에서 여러 번 이야기 했지만 대한민국 논술 문제의 70%이상은 어떤 식으로든 '판단의 기준'을 준다. 이 점을 꼭 명심하자. 논제를 볼 때 '~을 바탕으로', '~을 활용하여', '~을 근거하여'와 같은 말을 눈여겨보아야 할 것이다.

2. 분석하라

앞의 여러 문제를 다루면서 문제를 논점별로 나누는 것에 익숙해졌을 것이다. 이젠 논제를 분석하는 시간을 좀 더 줄여 보자. 그 방법은 무엇일까? 시험장에서는 논술문제 위에다 슬러시(/) 같은 표시를 하는 것이다. 꼭 슬러시가 아니어도 된다. 자신이 익숙한 기호로 논술문제 위에 바로 표시해서 시간을 단축한다.

[문제 1] 제시문 (가)를 바탕으로(판단 기준) / 제시문 (나), (다), (라)의 여행자가 밑줄 친 장소에서 느낀 낯섦의 이유들을 논하고 / 여행에서 얻은 것들을 설명하시오.

3. 표를 만들어 출제자의 요구조건에 답을 하라

특히 제시문 중에서 (가)가 판단의 어떤 '기준'을 제시하고 있으므로 (가)를 잘 정리해야 한다. 논점을 파악하고, 제시문을 두 번 이상 밑줄 치고 읽은 내용 중에서 중요한 부분을 표에다 기입한다. 결론 – 근거(이유)의 구조로 적어도 좋고, 그렇지 못해도 무방하다. 자신이 중요하다고 생각되는 내용을 차분히 적으면 된다.

논제	
제시문 (가)를 바탕(기준)	1) 인간은 낯선 것(익숙하지 않는 것)을 접하면서 성장 2) 자신에게 익숙한 공간도 상황에 따라 낯설 수 있음 3) 인간은 새로운 것을 배우려 할 때 낯선 곳에 가기도 하는데, 그때 낯익은 것과 낯선 것 사이의 생산적인 대화가 일어남
(나)의 여행자가 밑줄 친 장소에서 낯섦의 이유(요동벌판)	나에게 익숙하지 않는 타국, 집이 아닌 밖의 광활한 영역
(다)의 여행자가 밑줄 친 장소에서 낯섦의 이유(자신의 침실)	자신의 삶과 익숙한 공간도 관점을 달리하면 낯설고 새롭게 보일 수 있음 / 여행은 목적보다는 심리에 좌우될 수 있음
(라)의 여행자가 밑줄 친 장소에서 낯섦의 이유(열대부근)	주변에 대한 익숙한 느낌이 사라짐 / 문명과 자연의 대립을 느낌 / 물질적 조건과 사회적 척도가 바뀜
(나)의 여행자가 여행에서 얻은 것	낯선 공간을 접함으로써 감정을 새롭게 이해함 / 인간의 존재의미를 깨닫는 내면의 성장
(다)의 여행자가 여행에서 얻은 것	여행의 즐거움은 목적보다 심리에 따라 좌우 / 일상의 장소도 재발견의 대상이 됨 / 수용적 태도, 겸손한 마음, 고정관념의 제거
(라)의 여행자가 여행에서 얻은 것	인간과 미개척 자연과의 대립을 느낌 / 열대 미개척지에서 문명화 되지 않은 자연 상태 / 사회적 척도, 경제적인 조건에 따라 여행자가 방문하는 지역의 느낌이 다름
주제문	주제문 : 인간은 낯선 것을 접하면서 성장하는데, 그 낯설음은 새로운 세계를 접하거나 익숙한 상황을 재발견함으로써 얻을 수 있다.

4. 답안을 작성해보자

1)첫 번째 답안

위의 표에서 작성한 주제문을 간단히 마지막에 배치하였다.

　　제시문 (가)에서는 인간은 낯선 것을 접하면서 성장한다고 말한다. 자신에게 익숙한 공간 또한 관점이나 태도에 따라 낯설어질 수 있다. 나아가 인간은 새로운 것을 배우기 위해 낯선 곳을 방문하기도 한다.

　　우선 (가)에 따르면 (나)의 여행자가 요동벌판에서 낯선 이유는 자신에게 익숙하지 않는 타국에서 이전에 보지 못한 광활한 세계를 접했기 때문이라고 설명할 수 있다. (나)의 여행자는 좁은 조선을 떠나 광활한 공간을 접함으로써 희노애락의 감정을 새롭게 이해하고, 인간의 존재의미를 깨닫는 내면의 성찰을 얻게 된다.

　　또한 (다)의 여행자가 자신의 침실에 대해 낯선 이유는 (가)에서 말한 것처럼 익숙한 공간에 대한 관점과 태도를 달리 했기 때문이다. 여행은 목적보다는 심리에 좌우될 수 있다는 제시문의 내용에서 그 이유를 알 수 있다. 그러므로 (다)의 여행자는 일상의 장소도 마음먹기에 따라 재발견의 대상이 되어 흥미로운 낯선 것이 될 수 있고, 그런 태도를 가지기 위해선 수용과 겸허한 태도, 고정관념을 제거해야 한다는 깨달음을 얻게 된다.

　　마지막으로 (가)를 바탕으로 볼 때 (라)의 여행자가 열대부근에서 낯설음을 느낀 이유는 문명과 미개척 자연의 경계가 허물어지고, 종래의 물질적 척도와 사회적 조건이 열대부근에서 달라졌기 때문이다. 이러한 곳에서 여행자는 낯익은 곳과 문명화되지 않은 지역과의 경계를 무너뜨리게 되고, 이와 같은 생산적인 대화를 통해 지역의 우열을 나눌 수 없다는 깨달음을 얻게 된다.

이처럼 인간은 낯선 것을 접하면서 성장하는데, 그 낯섦은 새로운 세계를 접하거나 익숙한 상황을 재발견함으로 얻을 수 있다.(주제문)

2) 또는 답안을 다음과 같이 '재구성'할 수도 있다고 생각한다.

그 기준은 제시문 (나)와 (라)의 여행자는 익숙한 환경을 떠나 새로운 세계를 경험하지만 (다)의 주인공은 공간의 이동 없이 기존의 익숙한 세계를 '낯선' 것으로 바라보는 여행을 하고 있기 때문이다.

제시문 (가)에서는 인간은 낯선 것을 접하면서 성장한다고 말한다. 자신에게 익숙한 공간 또한 관점이나 태도에 따라 낯설어질 수 있다. 나아가 인간은 새로운 것을 배우기 위해 낯선 곳을 방문하기도 하는데 그 이후에는 낯익은 것과 낯선 것 사이의 배움을 통해 생산적인 대화가 일어나기도 한다.

(가)를 바탕으로 볼 때 (라)의 여행자는 미지의 낯선 세계를 경험하고 있다. 열대부근에서 낯설음을 느낀 이유는 문명과 미개척 자연의 경계가 허물어지고, 종래의 물질적 척도와 사회적 조건이 열대지역에서 달라졌기 때문이다. 이러한 곳에서 '나'는 낯익은 곳과 문명화되지 않은 지역과

의 경계를 무너뜨리고, 낯익음과 낯선 지역의 우열은 없다는 배움을 얻게 된다.

(나)의 여행자도 요동벌판에서 낯설음을 느낀 이유는 (라)의 여행자처럼 자신에게 익숙하지 않는 타국에서 광활한 세계를 접했기 때문이라고 설명할 수 있다. (나)의 여행자는 좁은 공간을 떠나 광활한 낯선 공간을 접함으로써 희노애락의 감정을 새롭게 이해하고, 인간의 존재의미를 깨닫는 내면의 성찰을 얻게 된다.

그러나 (다)의 여행자는 새로운 세계를 경험하는 (나), (라)의 여행자와 달리 공간의 이동이 없이 기존의 익숙한 세계를 낯선 것으로 재발견하고 있다. 이때 (다)의 여행자가 자신의 침실에 대해 낯선 이유는 (가)에서 말한 것처럼 익숙한 공간에 대한 관점과 태도를 달리 했기 때문이다. 그러므로 (다)의 여행자는 일상의 장소도 마음먹기에 따라 재발견의 대상이 되어 흥미로운 낯선 것이 될 수 있고, 그런 태도를 가지기 위해선 수용과 겸허한 태도, 고정관념을 제거해야 한다는 깨달음을 얻게 된다.

이처럼 인간은 낯선 것을 접하면서 성장하는데, 그 낯섦은 새로운 세계를 접하거나 익숙한 상황을 재발견함으로 얻을 수 있다. (주제문)

[문제 2] 제시문 (사), (아), (자)가 제시문 (마)와 (바)에 기술된 경제 체제 중 어느 것을 더 지지하는지 그 이유를 설명하고, 제시문 (사), (아), (자)에 나타난 '기업의 사회공헌 방식'에 대해 설명하시오. (800±100자) (경영대학, 경제학부 및 법학부 지원자에게는 타 문제의 2배의 배점)

(마)

자유주의는 개인주의를 뿌리로 하여 개인의 자유와 권리를 절대적으로 중시하였는데, 경제적 영역에서도 자유로운 생산과 교환 등 경제적 활동의 자유를 보장해야 한다고 보았다. 인간은 합리적 이성을 가지고 있으므로, 개인이 스스로의 경제적 이익을 자유롭게 추구할 수 있도록 경제적 자율성을 최대한 보장해야 한다는 사상적 토대 위에서 자본주의가 출현하였다. 자본주의는 이러한 기본 정신을 실현하기 위해 사적 소유와 이윤 추구를 최대한 보장한다. 그리하여 개인은 이익 추구의 기반이 되는 생산수단을 사적으로 소유할 수 있고, 이를 통해 얻은 이윤을 사적 재산으로 보장받는다.

(바)

자유나 평등 중 어느 한쪽에만 치우칠 경우 다양한 사회적 문제가 발생한다. 그렇기 때문에 모든 사회는 자유 경쟁과 평등이라는 가치를 적절히 조화시키는 방향으로 나아가야 한다. 자본주의 체제하에서 개인의 이익만을 추구하는 부작용을 해결하기 위하여 개인의 자유로운 이익 추

<u>구를 보장하되 소득의 공정한 재분배를 통해 빈부격차 및 사회적 갈등을</u> <u>해소하려는 수정된 자본주의 모델이 등장하였다.</u> 이 모델은 개인의 자유와 기회의 균등을 보장하는 법과 제도를 운영함으로써 건강한 자유 경쟁 사회를 지향하고, 동시에 지나친 경제적 불평등을 방지하고 사회적 약자를 보호하기 위한 다양한 복지정책을 실시함으로써 평등 사회와의 조화를 추구한다.

(사)

기업의 경영자는 자본주의의 성공과 세계화를 이끌어 냄으로써 많은 나라에서 경제발전과 부의 창출이라는 공통된 목표 달성에 크게 공헌하였다. 특히 미국에서는 자본주의의 발전으로 인해 단기간에 2,200만 개의 새로운 일자리가 창출되었으며, 그 결과 2000년에는 거의 5백만 명이나 되는 백만장자와 약 3백 명의 억만장자가 탄생하였다. 1998년부터 2000년까지 미국의 경제적 부는 매년 3조 달러씩 급격히 증가하였다. 다우존스(Dow Jones) 지수*는 1991년부터 10년도 채 안 되는 기간 동안 3,000에서 11,000까지 거의 4배나 성장하였다. 이는 1972년부터 15년 동안 해당 지수가 2,000에서 3,000으로 증가했던 것과 비교하면 괄목할 만한 수치이다.

(아)

자본주의 체제가 곤경에 처해 있다. 기업이 공동체의 이익을 무시하고 이기적으로 부를 축적하고 있다는 부정적 인식이 증가하였다. 다른 한편에서는 기업이 사회적 책무를 이행하면 할수록 오히려 모든 사회 문제의 책임을 기업에 돌리는 경향도 강해졌다. 이런 비난이 생겨난 이유는 기업이 가치 창출의 의미를 단기 재무성과를 개선하는 것으로 좁게 정의하고, 기업의 장기 성공을 좌우하는 보다 포괄적인 요인들을 무시했기 때문이다. 또한, 대부분의 기업들이 사회 문제 해결을 기업 활동의 핵심이 아니라 부수적 임무로만 생각했기 때문이기도 하다.

이러한 문제를 해결하기 위해서 경영자는 공유 가치의 원칙을 추구해야 한다. 공유 가치의 원칙은 사회의 요구를 들어주고 문제를 해결해서 경제적 가치와 사회적 가치를 동시에 창출한다는 원칙이다. 기업의 경쟁력을 높이려면 기업의 활동은 이익의 최대화라는 경영의 기본적 목표를 지향하는 것과 더불어 사회적 가치를 동시에 증대시키는 방향으로 행해져야 한다. 이러한 점에서 기업은 기업 전체적인 관점에서 자선활동에도 전략적으로 접근하여 사회적 책임에 대한 목표를 설정하고 이를 실행하기 위한 예산을 결정해야 한다. 이 때 기업이 사회적 책임을 이행하는 데에는 높은 비용이 들 수 있지만, 그로 인해 기업의 이익이 축소되어서는 안 된다.

공유 가치 창출의 성공적인 예로는 기업에서 필요로 하는 인력을 양성하기 위해 지역 사회에서 교육 프로그램을 제공하는 기업을 생각해 볼 수 있다. 그 기업은 지역 사회의 교육에 투자를 하고 직업을 제공한다. 이로써 장기적으로는 기업에게 필요한 우수 인력을 조달받는 이득도 얻을 수 있다.

(자)

영국은 2000년부터 법을 제정하여 투자 기준을 마련하였다. 이 법은 연금기금*이 투자대상을 고르는 데 있어서 기업이 사회적, 환경적, 윤리적 측면을 고려하고 있는지 여부, 의결권 행사의 기본방침이 있는지 여부에 대한 정보공개 의무를 골자로 한다. 이 법은 기업의 사회적 책임을 직접적으로 의무화한 것은 아니지만, 투자의 기준에 기업의 사회적 책임을 반드시 고려하도록 했다는 점에서 간접적으로나마 강제한 것이라고 할 수 있다. 이에 따라 연금기금을 운영할 때 반드시 사회적, 환경적, 윤리적으로 지속 가능한 기업에만 투자를 집중하여야 한다. 한편 영국 정부는 지역사회 센터를 운영하여 기업과 시민사회가 적절히 연결되어 정보를 교환하게 함으로써 기업이 사회적 책임을 다 할 수 있게 하였다. 이 센터는 기업이 제품의 사회적, 환경적 요인을 소비자들에게 투명하고 정직하게 알려주는 일, 기업이 지역사회에 필요한 사회적 공헌 활동을 하는 일 등을 지원한다. 영국 정부는 이러한 제도를 통해 전통적 자본주의의 부작용을 해소할 수 있을 것으로 기대하고 있다.

막스앤드스펜서(Marks & Spencer)는 식료품과 의류를 판매하는 영국 회사인데, 적극적으로 사회공헌 활동을 하는 모범 기업으로 알려져 있다. 이 기업의 경영자는 사회적, 환경적, 윤리적 분야에서 다양한 이해관계자를 고려하여 기업의 사회적 책임 활동을 펼치고 있다. 사회적으로는 유방암을 위한 기금 마련, 장애인과 노숙자를 위한 고용 창출, 쓰나미 피해 복구기금을 마련하는 등의 정책을 시행하고 있고, 환경적으로는 자체 쓰레기 줄이기, 협력업체들에 대한 친환경 공장 설립 지원, 태양광 발전설비의 지원 등의 정책을 시행하고 있으며, 윤리적으로는 판매되는 모든 제품이 노동착취, 인종차별, 동물학대 없이 생산되도록 하고 이를 제품에 표시하는 등의 정책을 실시하고 있다.

1. 분석하라

문제가 다소 길어 보이지만 이 문제는 (사), (아), (자), (마), (바)의 핵심내용을 잘 파악한다면 거의 해결한 거나 마찬가지다. 시험장에서 받은 논술문제 위에다 바로 표시해서 논점을 구분해보자. 다음과 같이 표시를 해 보았다.

1) [문제 2] 제시문 (사), (아), (자)가 제시문 (마)와 (바)에 기술된 경제 체제 중 어느 것을 더 지지하는지 그 이유를 설명하고, / 제시문 (사), (아), (자)에 나타난 '기업의 사회공헌 방식'에 대해 설명하시오.

여기서 문제를 기호를 사용해서 더 나누어보자.

2) [문제 2] 제시문 (사), (아), (자)가 / 제시문 (마)와 (바)에 기술된 경제

체제 중 / 어느 것을 더 지지하는지 그 이유를 설명하고, / 제시문 (사), (아), (자)에 나타난 '기업의 사회공헌 방식'/ 에 대해 설명하시오

2. 표를 만들고 출제자의 요구사항에 답을 하라

이제 제시문을 두 번 이상 밑줄 그으며 읽은 내용 중에 핵심을 간추려 표를 작성한다. 이때 제시문의 내용을 결론과 근거의 논증 구조로 표에다 정리해도 좋고, 아니면 핵심 내용만 메모해도 무방하다.

논제	
제시문 (사)	결론 : 기업의 경영자는 자본주의의 성공과 세계화로 경제발전과 부의 창출함 근거 : 일자리 창출과 같은 긍정적 효과
제시문 (아)	결론 : 오늘날 기업에 대한 비난의 문제를 해결하기 위해 경영자는 공유 가치의 원칙을 추구 근거 : 경제적 가치와 사회적 가치를 동시에 추구 / 기업의 이윤이 축소되면 안 됨
제시문 (자)	결론 : 기업이 사회적 책임을 다하도록 의무화함 근거 : 법과 제도에 의한 간접적 강제 / 막스앤드스펜서
(마)에 기술된 경제체제	결론 : 고전적 자본주의 근거 : 경제적 자율성과 사적 소유 보장
(바)에 기술된 경제체제	결론 : 수정 자본주의 근거 : 개인의 이익추구 보장 / 소득재분배를 통한 빈부격차 및 사회적 갈등 해소
(사)의 기업의 사회공헌 방식	결론 : 일자리 창출 및 기업 가치 증대, 간접적 기여
(아)의 기업의 사회공헌 방식	결론 : 기업과 사회적 이익을 동시에 고려하는 공유가치 창출을 추구 / 자선활동 / 지역교육 프로그램
(자)의 기업의 사회공헌 방식	결론 : 다양한 이익관계자의 이익을 고려하여 사회적 책임을 다해야 함
대립구도 / 주제문	대립구도 : 1) 고전적 자본주의 VS 수정 자본주의 　　　　　 2) 기업의 사회적 책임 방식의 대립 주제문 : 기업은 자본주의의 성공으로 경제발전과 부를 창출했지만 그 폐해를 인식하고 사회적 책임을 다해야 한다.

3. 답안을 작성해보자

　기업의 경영자는 자본주의 체제에서 수많은 경제발전과 부를 창출했다. 그러나 이러한 기업의 성장에 대해 과연 긍정적인 인식만이 존재할까? 먼저 제시문 (마)는 고전적 자본주의에 대해 설명하는데, 이는 경제적 자율성과 사적 소유 보장을 근본으로 한다. 또한 (바)는 수정자본주의 대해 말한다. 수정자본주의는 개인의 이익추구를 보장하지만 소득의 재분배를 통해 빈부격차 및 사회적 갈등을 해소하려고 노력한다. 그런데 (사), (아), (자)의 내용은 고전적 자본주의와 수정자본주의 중에 어느 쪽을 더 지지하는지의 여부와 기업의 사회공헌 방식에 대해 견해를 달리한다.

　먼저 (사)의 기업 경영자의 입장에서는 제시문 (마)의 고전적 자본주의를 지지할 것이다. 왜냐하면 (사)의 기업 경영자는 경제 발전과 부를 창출하는 것을 최우선 목표로 하고 있기 때문이다. 그러므로 (사)의 경영자는 사회공헌 방식에 있어 일자리 창출 및 기업 가치 증대를 통해 국가경제 및 사회에 간접적 기여를 추구한다.

　마찬가지로 (아)의 기업의 경영자도 (마)의 고전적 자본주의를 지지할 것이다. 왜냐하면 (아)의 경영자는 기업과 사회의 가치를 동시에 추구하지만 기업의 이윤이 축소되면 안 된다며 기업의 이익을 최대 목표로 두고 있기 때문이다. 그러나 (아) 기업의 사회공헌 방식은 기업과 사회의 공유가치 창출을 중시하기 때문에 단기적인 재무성과 개선과 부수적 임무를 위한 노력을 하기 보다는 장기적인 관점에서 사회적 이익을 추구하게 될 것이다. 그 예로는 지역교육 프로그램과 전략적인 자선활동을 들 수 있다.

그러나 (자)의 기업의 경영자는 (사), (아)의 경영자와 달리 (바)의 수정 자본주의를 지지할 것이다. 왜냐하면 (자)의 경영자는 기업의 사회적 책임을 우선적으로 고려하기 때문이다. 기업은 사회적 책임을 위해 최선을 다해야 되고, 사회는 법과 제도와 같은 간접적인 강제로 기업의 책임에 대해 의무를 부과할 수 있다. 따라서 (자) 기업의 사회공헌 방식은 사회적 책임이란 의무에 따른 법과 제도에 의해 강제될 수 있는 방식이다. 그 결과 사회적 책임을 다하지 못하면 기업의 이익도 감소할 수도 있다. **기업은 자본주의의 성공으로 수많은 경제발전과 부를 창출했지만 그 폐해 또한 인식하고 사회적 책임을 적극적으로 이행해야 할 것이다.**

6. 제시문이 교고서에서 출제되므로 어렵지 않다 - 광운대학교

[문제 1] 제시문 (가)의 내용을 활용하여 제시문 (나)의 주장에 대해 비판하고, 제시문 (다)와 (라)의 내용을 활용하여 제시문 (가)의 두 가지 사회 문제의 해결 방안에 대해 논술하시오. (50점, 750±50자)

(가) 자본주의는 사적 소유권을 기초로 자유로운 경제 활동을 보장함으로써 인류 역사상 유례없는 물질적 풍요와 경제적 성장을 이끌어 왔다. 하지만 자본주의는 다음과 같은 <u>두 가지 사회 문제</u>를 초래한다는 점에서 치명적인 결함이 있다. <u>첫째는 빈부 격차 문제이다.</u> 개인 간에는 육

체적·정신적 능력에 차이가 있을 수밖에 없고, 또 교육을 어느 정도 받았느냐에 따라 생산성의 차이가 나타날 수밖에 없다. 그뿐만 아니라 개인의 노력과는 무관하게 부의 대물림이나 불로소득과 같은 요인에 의해 빈부 격차가 발생하기도 한다. 이로 인해 경제적 불평등이 심해지면 계층 간 갈등이 발생하여 사회 통합에 어려움이 생기고, 공동체 구성원 간의 신뢰가 무너질 수도 있다. 둘째는 물질 만능주의가 사회적으로 확산되면서 발생하는 인간 소외 문제이다. 자본주의 사회에서는 대다수 사람들이 경제적 이윤을 극대화하려는 물질적 욕망에 사로잡힘으로써 인간을 상품화하여 값을 매기거나 다른 목적을 위한 수단으로 간주하는 풍조가 나타나기도 한다. 그 결과 인간다움을 보존하고 추구하려는 품위 있는 정신을 잃어버리고 물질의 노예가 되어 마침내는 자기 삶의 참된 의미와 목적마저 상실하는 사람들이 늘어나게 된다.

(나) 우리가 끼니 걱정을 하지 않아도 되는 것은 정육점 주인, 제과점 주인, 양조공장 사장의 자비심 덕분이 아니라 <u>그들이 자기 이익을 추구하기 때문이다.</u> 우리는 그들의 인도적 관심이 아니라 그들의 이기심에 의지하고 있는 것이다. 일반적으로 개인은 공공의 이익을 증진시킬 의도가 전혀 없으며, 단지 자신의 이익만을 추구할 뿐이다. 그러나 그는 '보이지 않는 손'에 이끌려 자신의 의도에 전혀 들어 있지 않은 목표를 추구하게 된다. 개인은 자신의 이익을 추구함으로써 실제로 그가 사회의 이익을 증가시키려고 의도할 때보다 훨씬 더 효과적으로 사회 전체의 공공

의 선을 증진시키게 되는 것이다. 자본주의가 개인의 삶을 윤택하고 행복하게 하면서 동시에 공동체를 통합하고 발전시킬 수 있는 근본 원리가 여기에 있다.

(다) 인간의 삶에서 중요한 것은 권력과 이익을 추구하는 것이 아니다. 우리를 선한 사람으로 만들어 주는 것은 우리가 삶에서 물질적으로 성취한 외형적인 어떤 것이 아니라, 이성의 명령에 따라 행하고자 하는 우리의 내면적 자세에 있다. 정념이나 욕망에 현혹되어 이성적 판단력이 흐려지면 인간은 도덕과 무관한 육체, 권력, 부, 명예 등에 마음을 빼앗겨 평정심을 잃어버리게 된다. 우리가 정신의 의연함과 평온함을 되찾기 위해서는 대다수 현대인들의 마음에 짙은 그림자를 드리우고 있는 세속적인 물욕이나 변덕스러운 정념의 지배로부터 벗어나야 한다. 도덕적 각성을 통해 이성적 자아와 절제의 미덕을 되찾을 때 우리는 진정한 자유인이 되어 삶의 참된 행복을 누릴 수 있다.

(라) 우리는 정의가 구현되는 사회를 공정한 사회라고 말한다. 정의란 좁게는 개인 간의 올바른 도리를 뜻하지만 넓게는 사회를 구성하고 유지하는 공정한 도리를 뜻하는 것으로, 사회가 추구해야 할 가장 핵심적이고 기본적인 덕목 중 하나이다. 정의가 무너진 사회는 구성원들 간의 신뢰가 사라져 사회 질서를 유지하기 어렵게 된다. 한 사회의 정의는 사적인 개인의 편협한 입장에서 벗어나 합리적으로 도출된 보편적 원칙에 근

거할 때 구현될 수 있다. 공공의 선을 구현하고 사회 정의를 실현하기 위한 원칙을 도출하기 위해서는 우선 개인적인 이해관계에서 벗어난 보편적 계약 상황에서 출발할 필요가 있다.

그렇다면 언론의 자유나 종교의 자유와 같은 기본적 자유만 모든 사람들에게 평등하게 제공된다면 그 사회는 충분히 정의로운 사회라고 할 수 있을까? 그것만으로는 우리 사회에 실제로 존재하는 사회적·경제적 불평등 문제를 해결하기 어려울 것이다. 이 문제를 해결하기 위해서는 '차등의 원칙'과 '기회 균등의 원칙'이라는 일견 서로 모순된 것처럼 보이는 두 가지 원칙을 적용할 필요가 있다. 현실적으로 각각의 사람들이 서로 불평등한 조건 속에서 태어나서 살아가고 있음을 고려한다면, 기본적 자유를 제공하는 것만으로는 모든 이들에게 공평한 기회가 보장된다고 보기 어렵다. 실질적 의미에서의 사회 정의를 이루기 위해서는 사회 구성원들 가운데 상대적으로 불리한 처지에 있는 사람들에게 공공의 이익 가운데 더 많은 몫을 더 먼저 나누어 주어야 할 것이다. 이것은 기회의 공정성을 확보하기 위해 필요한 만큼의 우선적이고 차등적인 분배를 실행하자는 것으로, 한 사회의 소득과 부를 모든 이들에게 똑같이 나누어 주어 절대적 평등을 실현하자는 주장은 아니다.

1. 분석하라

일단 논제(문제)위에 자신만의 기호를 표시해서 '논점'을 나누어 보자. 나는 슬러시(/) 표시를 활용해서 문제 위에다 다음처럼 표시해보았다. 또한 (가)의 내용이 (나)의 주장을 비판하는 '기준'이 되고, (다)와 (라)의 내용에는 '두 가지 사회 문제'를 해결하는 어떤 키(key)가 들어있음을 논제만 보고서도 추측할 수 있다. 나는 문제 위에 다음과 같이 슬러시 표시를 해보았다.

> [문제 1] 제시문 (가)의 내용을 활용하여 / 제시문 (나)의 주장에 대해 비판하고, / 제시문 (다)와 (라)의 내용을 활용하여 / 제시문 (가)의 두 가지 사회 문제의 해결 방안에 대해 논술하시오. (50점, 750±50자)

2. 표를 만들어 출제자의 요구조건에 답을 하라

표를 작성하는데 어떤 규칙이 있는 것은 아니다. 답안을 쉽게 작성할 수 있도록 간략히 만들 되, 표에서부터 '결론 − 근거'의 구조로 논점의 내용을 정리한다면 두괄식 형식의 답안 작성에 편리한 이점이 있다.

논제	
제시문 (가)의 내용 **(비판 기준)**	결론 : 자본주의는 빈부 격차와 인간소외라는 두 가지 사회 문제를 초래 근거 : 계층 간의 갈등은 사회통합 저해 / 물질 만능주의는 물질의 노예로 전락하기 쉬움
제시문 (나)의 주장 **(비판 대상)**	결론 : 자본주의의 기초인 개인의 이기심에 의해 개인과 공동체의 삶이 윤택하게 됨 근거 : 보이지 않는 손에 의해 공공의 선을 증진
(다)의 내용	결론 : 세속적인 물욕이나 변덕스러운 정념에서 벗어나 평정심을 회복해야 함 방법 : 도덕적 각성, 이성적 자아와 절제의 미덕
(라)의 내용	결론 : 공공의 선, 사회정의를 실현하기 위한 보편적인 원칙 적용 방법 : '차등의 원칙'과 '기회균등의 원칙'
(다)와 (라)의 내용을 활용하여 (가)의 두 가지 사회 문제의 해결 방안	(가)의 빈부 격차 문제 : (라)로 해결 (가)의 인간 소외 문제 : (다)로 해결
대립구도 / 주제문	대립구도 : 자본주의의 긍정적 역할 〈→〉 자본주의가 낳은 문제점들 주제문 : 자본주의로 인해 개인과 공동체의 삶이 윤택해진 것은 사실이지만, 그로 인해 발생한 물질만능주의와 인간소외와 같은 문제를 도덕적 각성과 보편적인 원칙을 통해 해결해 나가야 한다.

3. 답안을 작성해보자

개인의 이기심에 바탕을 둔 자본주의는 인간과 공동체를 윤택하게 만들었지만 또한 여러 가지 문제점들을 양산했다. 우선 제시문 (나)에서는 개인의 이기심에 바탕을 둔 자본주의가 개인의 삶과 공동체의 삶을 발전시킬 수 있는 원리에 대해 설명한다. 자본주의 사회에서 개인은 사익을 추구하지만 '보이지 않는 손'이 전체의 공공의 선을 증진시킨다는 것이다.

하지만 자본주의가 인간과 공동체에 긍정적인 기능만을 한 것은 아니다. 제시문 (가)에 의하면 자본주의는 빈부 격차와 인간 소외라는 두 가지 큰 사회 문제를 가지고 있다. 사회 계층 간의 갈등은 사회 통합을 저해할 수도 있고, 물질 만능주의로 인해 인간이 물질의 노예가 되는 인간 소외 현상이 나타나기도 한다. 이로 인해 인간은 삶의 의미를 잃을 수도 있다.

그렇다면 '빈부격차'와 '인간 소외현상'이라는 두 가지 사회문제는 어떻게 해결할 수 있을까? 먼저 '빈부 격차'의 문제는 제시문 (라)에서 말하듯이 공공의 선을 구현하고 사회정의를 실현하기 위한 보편적인 원칙을 적용함으로 해결할 수 있을 것이다. 그 구체적인 원칙은 바로 '차등의 원칙'과 '기회균등의 원칙'이다. 그래서 이러한 원칙에 입각해서 불리한 처지의 사람들이 기회의 공정성을 확보하기 위해 우선적이고 차등적인 분배를 먼저 해야 하는 것이다.

그리고 물질 만능주의로 인한 '인간 소외 현상'의 문제점은 제시문 (다)에서 그 해결책을 찾을 수 있다. 인간이 세속적인 물욕과 정념에서 벗어나 평정심을 회복하고 이성적인 절제를 통해 참다운 '나'를 찾는데 삶의 기준을 둘 때 '인간 소외 현상'을 극복할 수 있다. **자본주의로 인해 개인**

과 공동체의 삶이 윤택해진 것은 사실이지만 그로 인해 발생한 물질만능주의와 인간소외와 같은 문제들을 도덕적 각성과 보편적인 원칙을 통해 해결해 나가야 함을 우리는 잊어서는 안 된다.

[문제 2] 제시문 (가)의 ⓐ의 비율 추이와 ⓑ의 비율 구성이 나타나는 원인을 제시문 (나)와 (다)를 이용하여 각각 설명하고, 제시문 (나)의 <u>주변 사람들</u>이 일탈자에 대해 가져야 할 바람직한 태도를 제시문 (라)를 활용하여 논술하시오. (50점, 750±50자)

(가) 다음은 2013~2015년 갑국의 청소년 범죄 현황을 횟수별로는 초범과 재범 이상으로, 지역별로는 방범적 사회 환경이 잘 조성된 A지역과 방범적 사회 환경이 잘 조성되지 않은 B지역으로 구분하여 나타낸 자료이다.

〈표〉 갑국의 청소년 범죄 현황

연도	전체 범죄 (건)	청소년 범죄 (건)	구성비	ⓐ청소년 범죄의 횟수별 비율(%)		ⓑ청소년 범죄의 지역별 비율(%)	
				초범	재범 이상	A 지역	B 지역
2013	1,932,729	69,211	3.6%	34.3	65.7	38.0	62.0
2014	1,989,862	88,104	4.4%	30.2	69.8	35.0	65.0
2015	2,472,897	134,992	5.5%	28.5	71.5	34.0	66.0

(나) <u>실패한 기업가를 용인하지 않는 국내 풍토에서 우리나라의 청년</u> <u>기업가들은 한 번 실패하면 다시 일어설 기회가 없다고 느낀다.</u> 반면 미국의 실리콘 밸리에서는 성공 못지않게 실패도 소중한 자산으로 여겨져 '창업-상장-재투자-재창업'의 선순환이 지속적으로 이루어진다. 이러한 풍토가 조성되어야 청년들이 <u>실패를 두려워하지 않고</u> 사업에 뛰어들어 더 높은 목표를 향해 도전할 수 있다. '<u>묻지마 범죄</u>'가 발생하는 것도 <u>결국 패자를 용인하지 않고 한 번 실패한 사람을 무능한 자로 내쳐버리</u> <u>는 사회 분위기와 무관하지 않다.</u>

낙인 이론에 따르면, 어떤 사람이 우연한 기회에 저지른 특정 행위로 인해 타인에 의해 일탈자라는 낙인이 찍히면 그 사람은 자신의 정체성을 그에 맞추어 형성하게 된다. 어떤 사람의 행위를 <u>주변 사람들이 나쁜</u> 행위로 규정해서 낙인을 찍으면 그 사람은 일탈자가 되기도 한다는 것이다. 낙인 때문에 한번 일탈자라는 정체성이 형성되면 일탈 행동을 반복할 가능성이 높아진다. 전과자가 주위의 시선 때문에 사회에 적응하지 못하고 다시 범죄를 저지르는 경우가 그 예인데, 이러한 낙인 효과로 인해 일탈 행동은 더욱 강화된다.

(다) 1969년 스탠포드 대학의 심리학자 짐바르도 교수는 매우 흥미 있는 실험을 했다. 치안이 다소 허술한 지역의 골목에 보닛(엔진 덮개)을 열어 놓은 두 대의 자동차를 일주일간 방치해 두었다. 그 중 한 대는 보닛만 열어 놓았고, 다른 한 대는 창문을 조금 깬 상태로 두었다. 일주일이 지난

후 두 자동차의 상태는 확연히 달랐다. 보닛만 열어 둔 자동차는 특별한 변화 없이 비슷한 상태를 유지한 반면, 유리창이 깨진 자동차는 배터리와 타이어가 도난당하고 낙서가 되어 있는 등 심하게 파손되어 있었다.

이를 이론화한 '깨진 유리창 이론'은 작은 문제를 방치할 경우 무질서와 범죄가 확산되어 도시 전체가 무법천지화 또는 슬럼화될 수 있다고 주장한다. 1990년대 초반까지만 해도 뉴욕의 지하철은 연간 60만 건 이상의 범죄가 발생하여 악명 높은 범죄 지하철로 불렸다.

뉴욕 당국은 낙서가 또 다른 낙서와 범죄를 유발한다는 지적에 따라 우선 지하철 차량 6,000여 대에 그려진 낙서를 지웠다. 놀랍게도 3~4년이 지나자 지하철의 범죄율이 절반 가까이 감소했는데, 뉴욕 지하철의 이러한 변화를 설명할 수 있는 이론이 바로 '깨진 유리창 이론'이다. 인간의 일탈 행동은 건전한 사회 환경을 조성함으로써 개선할 수 있다는 것이다.

(라) 톨레랑스는 18세기 프랑스의 대표적인 계몽사상가인 볼테르가 "당신의 사상에 반대하지만 그 사상 때문에 탄압을 받는다면 나는 당신의 편에 서서 싸울 것이다"라고 말한 데서 유래한다. 톨레랑스는 차이를 긍정하는 논리일 뿐만 아니라 극단을 부정하는 논리이기도 하다. 톨레랑스는 자신의 독단이나 보편타당함을 일방적으로 내세우지 않고 진리에 다가설 수 있도록 다름과 차이를 인정하며 함께 어울리자는 뜻을 담고 있다.

공자와 그의 제자 간의 대화가 담긴 《논어》의 '자로편'에도 소인배와 구분되는 군자의 사람됨을 논하는 부분에서 톨레랑스와 유사한 화이부동(和而不同)이라는 말이 나온다. <u>군자는 타인이 자신과 다름을 인정하면서 함께 할 줄 아는 반면, 소인은 끼리끼리 어울릴 뿐 함께 할 줄 모른다는 것이다.</u> 여기서 화(和)는 다양성과 차이를 인정하는 관용과 공존의 논리를 뜻하는 반면, 동(同)은 다양성을 인정하지 않고 획일적 가치만을 허용하는 지배와 흡수 합병의 논리라고 할 수 있다. 남들과 사이좋게 지내되 의를 굽혀 좇지는 말아야 하고, 남들과 화목하게 지내지만 자신의 중심과 원칙을 잃어서는 안 되는 것이 군자의 도리이다. 지금 우리에게 요구되는 것은 동이불화(同而不和)가 아니라 화이부동의 자세가 아닐까.

1. 전체를 대강보기

표가 나왔다. 표가 나오면 세 가지를 눈여겨봐야 하는데 그 세 가지는 1)가장 큰 수치 2)가장 작은 수치 3)수치의 차이나 변화부분이다.

위 표를 보면 눈에 쉽게 띄는 부분이 있다. 재범 이상의 청소년 범죄비율이 초범의 범죄비율보다 높다는 것이고, 또 B지역의 청소년 범죄비율이 A보다 높다는 것이다. 이처럼 출제자는 수험생들이 표에서 차이를 쉽게 발견할 수 있도록 조치를 취한다. 어느 대학의 문제도 마찬가지다. 표나 그래프가 나오면 쉽다고 인식하자!

2. 분석하라

문제 위에 '논점'이라고 생각되는 것을 중심으로 표시해서 다음과 같이 나누어보았다. 이처럼 시험장에서는 시간 단축을 위해 문제 위에 바로 표시하도록 하자.

[문제 2] 제시문 (가)의 ⓐ의 비율 추이와 / ⓑ의 비율 구성이 나타나는 원인을 / 제시문 (나)와 (다)를 이용하여 각각 설명하고, / 제시문 (나)의 주변 사람들이 일탈자에 대해 가져야 할 바람직한 태도를 / 제시문 (라)를 활용하여 논술하시오. (50점, 750±50자)

3. 제시문을 읽고 출제자의 요구사항에 답을 하라

논제	
1)제시문 (가)의 ⓐ의 비율 추이와 ⓑ의 비율 구성이 나타나는 현상	결론 : 갑국의 청소년 재범 이상 비율은 전년 대비 매년 증가함 / 지역별로 살펴볼 때 B지역이 A지역보다 범죄율이 매년 더 높음
(나)의 내용	결론 : 낙인이론 근거 : 어떤 사람이 특정 행위에 의해 일탈자라고 낙인 찍히면 그에 맞추어 정체성을 형성 / 정체성이 형성되면 일탈행동을 반복할 가능성이 높아지고 일탈 행동이 강화됨 / 청년 기업가의 창업실패 / 묻지마 범죄
(다)의 내용	결론 : 깨진 유리창 이론 근거 : 작은 문제를 방치하면 더 큰 문제가 유발 / 유리창이 깨진 자동차 / 뉴욕의 지하철 낙서
1)의 현상을 제시문 (나)를 이용하여 설명	결론 : 갑국의 청소년 재범 이상 비율 증가는 낙인이론으로 설명 가능 근거 : 일탈자에 대해 낙인을 찍으면 정체성을 형성하기 때문
1)의 현상을 제시문 (다)를 이용하여 설명	결론 : B지역이 A지역보다 범죄율이 매년 더 높은 이유는 깨진 유리창 이론으로 설명 가능 근거 : 작은 문제를 방치하면 더 큰 문제가 유발되는 깨진 유리창 이론처럼, B지역의 열악한 환경이 청소년 범죄 증가의 원인
제시문 (라)의 내용	결론 : 톨레랑스의 정신 / 화이부동의 자세 근거 : 다름을 인정하고 수용 / 다양성과 차이 인정
제시문 (나)의 주변 사람들이 일탈자에 대해 가져야 할 바람직한 태도를 제시문 (라)를 활용하여 논술	결론 : 볼테르의 톨레랑스의 정신, 공자의 화이부동의 관용과 공존의 논리 필요

　제시문 (가)의 표에서는 2가지 현상을 확인할 수 있다. 첫째 갑국의 청소년 범죄의 횟수별 비율에서 초범과 달리 재범 이상 비율은 매년 증가하고 있다. 둘째 B지역이 A지역보다 청소년 범죄 비율이 매년 더 높다.

　이러한 현상은 (나)의 낙인 이론과 (다)의 '깨진 유리창 이론'에 의해 설명할 수 있다. 먼저 갑국의 재범 이상의 비율이 초범보다 매년 증가하는 이유는 낙인 이론으로 설명이 가능하다. 낙인 이론은 어떤 사람이 저지른 행위를 주변 사람들이 나쁜 행위로 낙인을 찍으면 그 사람은 그에 맞춰 정체성을 형성한다고 말한다. 그 사례로 (나)는 청년 기업가의 실패와 묻지마 범죄의 실수를 용납하지 못하는 사례를 이야기한다. 이와 같이 청소년 범죄자들에 대해서도 사회가 실패와 실수를 인정하지 못하고 낙인을 찍기 때문에 재범 이상의 범죄 비율이 점차 높아지는 것이다.

　둘째 B지역이 A지역보다 청소년 범죄 비율이 높은 것은 (다)의 '깨진 유리창 이론'으로 설명이 가능하다. 일주일 간 방치된 두 대의 차중에서 유리창이 깨진 자동차는 보닛만 열어둔 차에 비해 심하게 훼손된다. 또한 뉴욕 지하철에서 기존의 수많은 낙서를 제거하니 지하철범죄가 급격히 감소한다. 이와 같이 B지역의 청소년 범죄 증가가 A보다 높은 것은 부적절한 환경이라고 말할 수 있다. 작은 문제를 방치하면 더 큰 문제가 유발되는 깨진 유리창 이론처럼, B지역의 열악한 환경이 청소년 범죄 증가의 원인이었을 것이다.

따라서 (나)의 주변 사람들이 일탈자에 대해 가져야 할 태도는 무엇일까? 그것은 (라)에서 말하는 톨레랑스와 화이부동의 태도라고 할 것이다. 자신의 생각만을 타인에게 주장하지 말고 서로 다름을 인정하며, 그 차이를 용인하는 관용의 정신과 공존의 논리를 가져야 하는 것이다.

부록

- 2018학년도 대학입학 시행계획 주요사항
- 2019학년도 대학입학 시행계획 주요사항

2018학년도 대학입학 시행계획 주요사항

Ⅰ. 2018학년도 대학입학전형 기본일정

구분			내용
수시 모집	원서접수		수시 접수 : 2017.9.11.(월)~9.15.(금) 중 3일 이상 ※ 재외국민과 외국인 특별전형 : 2017.7.1.(토)~7.7.(금)
	전형기간		2017.9.11.(월)~12.13.(수)(94일) (다만, 재외국민과 외국인 특별전형은 7~8월 중 전형 권장)
	합격자 발표		2017.12.15.(금)이전
	합격자 등록		2017.12.18.(월) ~ 21(목)(4일)
	수시 미등록 충원 합격 통보마감		2017.12.27.(수) 21:00 까지
	수시 미등록충원 등록마감		2017.12.28.(목)
정시 모집	원서접수		2017.12.30.(토) ~ 2018.1.2.(화) 3일 이상
	전형기간	가군	2018.1.3.(수) ~ 1.11(목)(9일)
		나군	2018.1.12.(금) ~ 1.20.(토)(9일)
		다군	2018.1.21.(일) ~ 1.29(월)(9일)
	합격자 발표		2018.1.30.(화) 까지
	합격자 등록		2018.1.31.(수) ~ 2.2(금)(3일)
	정시 미등록 충원 합격 통보마감		2018.2.13.(화) 21:00 까지
	정시 미등록충원 등록마감		2018.2.14.(수) 까지
추가 모집	원서접수&전형일&합격자 발표		2018.2.18.(일) ~ 2.25.(일) 21:00 까지
	등록 기간		2018.2.26.(월)

Ⅱ. 전형유형별 모집인원

□ 총 모집인원

구분	수시모집	정시모집	총 모집인원
2017학년도	248,669명 (69.9%)	107,076명 (30.1%)	355,745명
2018학년도	259,673명 (73.7%)	92,652명 (26.3%)	352,325명

□ 전형유형별 모집인원

구분	전형유형	2017학년도	2018학년도	비고
수시	학생부(교과)	141,292명(39.7%)	140,935명(40.0%)	
	학생부(종합)	72,101명(20.3%)	83,231명(23.6%)	
	논술 위주	14,861명(4.2%)	13,120명(3.7%)	
	실기 위주	17,942명(5.0%)	18,466명(5.3%)	
	기타	2,473명(0.7%)	3,921명(1.1%)	재외국민
	소계	248,669명(69.9%)	259,673명(73.7%)	
정시	수능 위주	93,643명(26.3%)	80,311명(22.8%)	
	실기 위주	12,280명(3.5%)	11,334명(3.2%)	
	학생부(교과)	437명(0.1%)	491명(0.1%)	
	학생부(종합)	671명(0.2%)	435명(0.1%)	
	기타	45명(0.0%)	81명(0.0%)	재외국민
	소계	107,076명(30.1%)	92,652명(26.3%)	
	합계	355,745명(100.0%)	352,325명	

Ⅲ. 모집시기별 주요 전형요소

□ 「수시모집」(일반전형/인문사회계) 전형요소별 반영비율

• 학교생활기록부 반영비율 분포

구분	대학명	합계
100%	〈국공립〉 강릉원주대, 경남과학기술대, 경북대, 공주대, 군산대, 금오공대, 목포대, 순천대, 전북대, 제주대, 충남대, 충북대, 한경대, 한국교통대, 한밭대	국공립 : 15개교 사립 : 74개교 합계 : 89개교
	〈사립〉 가천대, 가톨릭관동대, 가톨릭대, 건국대(글로컬), 건양대, 경남대, 경동대, 경일대, 계명대, 광주대, 광주여대, 나사렛대, 단국대, 대구대, 대구한의대, 대신대, 대전대, 대진대, 덕성여대, 동국대(경주), 동덕여대, 동신대, 동양대, 목포가톨릭대, 배재대, 백석대, 부산가톨릭대, 부산외대, 삼육대, 상명대(서울), 상명대(천안), 상지대, 서남대, 서울신학대, 서울여대, 선문대, 성결대, 세명대, 송원대, 수원대, 순천향대, 신경대, 안양대, 영남대, 영동대, 예수대, 용인대, 우석대, 울산대, 원광대, 위덕대, 인하대, 전주대, 조선대, 중부대, 중원대, 차의과학대, 청운대, 청주대, 초당대, 평택대, 한국기술교대, 한남대, 한동대, 한려대, 한림대, 한성대, 한세대, 협성대, 호남대, 호서대, 호원대, 홍익대(서울), 홍익대(세종)	
80% 이상	〈국공립〉 전남대	국공립 : 1개교 사립 : 8개교 합계 : 9개교
	〈사립〉 가야대, 감리교신학대, 경운대, 김천대, 남서울대, 서울장신대, 서원대, 신한대	
60% 이상	〈국공립〉 안동대	국공립 : 1개교 사립 : 19개교 합계 : 20개교
	〈사립〉 경주대, 고려대(세종), 광주가톨릭대, 극동대, 남부대, 대전신학대, 루터대, 서경대, 세한대, 예원예술대, 우송대, 제주국제대, 케이씨대, 한국산업기술대, 한국성서대, 한라대, 한신대, 한영신학대, 한일장신대	
50% 이상	〈사립〉 꽃동네대, 목원대, 부산장신대, 서울기독대, 아세아연합신학대, 호남신학대	합계 : 6개교
40% 이상	〈사립〉 건국대(서울), 경기대, 광운대, 동국대(서울), 성균관대, 세종대, 숙명여대, 숭실대, 인제대, 중앙대, 칼빈대, 한국항공대	합계 : 12개교

구분	대학명	합계
30% 이상	〈국공립〉 부산대, 서울과학기술대	국공립 : 2개교 사립 : 8개교 합계 : 10개교
	〈사립〉 경희대, 연세대(원주), 이화여대, 한국외대, 한서대, 한양대(ERICA), 한양대(서울), 한중대	
30% 미만	〈사립〉 서강대, 연세대(서울)	합계 : 2개교

※ 학생부를 가장 높게 반영하는 모집단위 기준임(단계별 전형은 최종단계 기준)

- 면접구술고사 반영비율 분표(일반전형/인문사회계)

구분	대학명	합계
20% 이상	〈국공립〉 강릉원주대, 경북대, 공주대, 군산대, 서울대, 서울시립대, 순천대, 안동대, 전남대, 전북대, 제주대, 충북대, 한밭대	국공립 : 13개교 사립 : 90개교 교대 : 3개교 합계 : 106개교
	〈사립〉 가천대, 가톨릭관동대, 감리교신학대, 건국대(글로컬), 경기대, 경동대, 경운대, 경주대, 경희대, 고려대(서울), 광운대, 광주가톨릭대, 광주대, 광주여대, 국민대, 극동대, 김천대, 꽃동네대, 나사렛대, 남부대, 남서울대, 대구대, 대구외대, 대구한의대, 대신대, 대전대, 대전신학대, 동국대(경주), 동덕여대, 동신대, 동양대, 루터대, 목원대, 부산가톨릭대, 부산외대, 부산장신대, 삼육대, 상명대(서울), 상명대(천안), 서울기독대, 서울여대, 서울장신대, 서원대, 성공회대, 성균관대, 세한대, 송원대, 신한대, 아세아연합신학대, 안양대, 영남대, 영동대, 예원예술대, 우석대, 우송대, 울산대, 위덕대, 이화여대, 인제대, 인하대, 전주대, 제주국제대, 조선대, 중부대, 중앙대, 중원대, 차의과학대, 청운대, 초당대, 칼빈대, 케이씨대, 평택대, 한국기술교대, 한국산업기술대, 한국성서대, 한국항공대, 한남대, 한동대, 한라대, 한림대, 한서대, 한세대, 한신대, 한영신학대, 한일장신대, 한중대, 호남대, 호남신학대, 호서대, 호원대	
	〈교대〉 광주교대, 대구교대, 부산교대	
10% 이상	〈국공립〉 충남대	국공립 : 1개교 사립 : 4개교 합계 : 5개교
	〈사립〉 가야대, 성결대, 순천향대, 청주대	

※ 면접구술고사를 가장 높게 반영하는 모집단위 기준임(단계별 전형은 최종단계 기준)

- 논술고사 반영비율 분포(모든 전형/인문사회계)

구분	대학명	합계
100% 이상	〈국공립〉 서울시립대	국공립 : 1개교 사립 : 1개교 합계 : 2개교
	〈사립〉 덕성여대	
80% 이상	〈국공립〉 경북대	국공립 : 1개교 사립 : 2개교 합계 : 3개교
	〈사립〉 서강대, 연세대(서울)	
60% 이상	〈국공립〉 부산대, 서울과학기술대	국공립 : 2개교 사립 : 22개교 합계 : 24개교
	〈사립〉 가톨릭대, 건국대(서울), 경기대, 경희대, 광운대, 단국대, 동국대(서울), 서울여대, 성균관대, 세종대, 숙명여대, 숭실대, 아주대, 연세대(원주), 이화여대, 인하대, 중앙대, 한국외대, 한국항공대, 한양대(ERICA), 한양대(서울), 홍익대(서울)	

※ 논술을 가장 높게 반영하는 모집단위 기준임(단계별 전형은 최종단계 기준)

246

□ 「수시모집」(일반전형/자연계) 전형요소별 반영비율

• 학교생활기록부 반영비율 분포(일반전형/자연계)

구분	대학명	합계
100%	〈국공립〉 강릉원주대, 경남과학기술대, 경북대, 공주대, 군산대, 금오공대, 목포대, 순천대, 전북대, 제주대, 충남대, 충북대, 한경대, 한국교통대	국공립 : 14개교 사립 : 72개교 합계 : 86개교
	〈사립〉 가야대, 가천대, 가톨릭관동대, 가톨릭대, 건국대(글로컬), 건양대, 경남대, 경동대, 경일대, 계명대, 광주대, 광주여대, 나사렛대, 남부대, 단국대, 대구대, 대구한의대, 대전대, 대진대, 덕성여대, 동국대(경주), 동덕여대, 동신대, 동양대, 목포가톨릭대, 배재대, 백석대, 부산가톨릭대, 삼육대, 상명대(서울), 상명대(천안), 상지대, 서남대, 서울여대, 선문대, 세명대, 송원대, 수원대, 순천향대, 신경대, 신한대, 안양대, 영남대, 영동대, 예수대, 용인대, 우석대, 울산대, 원광대, 위덕대, 을지대, 인하대, 전주대, 조선대, 중부대, 중원대, 차의과학대, 청운대, 청주대, 초당대, 평택대, 한남대, 한려대, 한림대, 한세대, 한중대, 협성대, 호남대, 호서대, 호원대, 홍익대(서울), 홍익대(세종)	
80% 이상	〈국공립〉 전남대	국공립 : 1개교 사립 : 4개교 합계 : 5개교
	〈사립〉 경운대, 김천대, 남서울대, 서원대	
60% 이상	〈국공립〉 안동대	국공립 : 1개교 사립 : 12개교 합계 : 13개교
	〈사립〉 경주대, 고려대(세종), 극동대, 루터대, 서경대, 세한대, 우송대, 제주국제대, 케이씨대, 한국성서대, 한신대, 한일장신대	
50% 이상	〈사립〉 꽃동네대, 대구예술대, 목원대	합계 : 3개교
40% 이상	〈사립〉 건국대(서울), 광운대, 동국대(서울), 성균관대, 세종대, 숙명여대, 숭실대, 인제대, 중앙대, 한국항공대	합계 : 10개교
30% 이상	〈국공립〉 부산대, 서울과학기술대	국공립 : 2개교 사립 : 6개교 합계 : 8개교
	〈사립〉 경희대, 연세대(원주), 이화여대, 한서대, 한양대(ERICA), 한양대(서울)	
30% 미만	〈사립〉 서강대, 연세대(서울)	합계 : 2개교

※ 학생부를 가장 높게 반영하는 모집단위 기준임(단계별 전형은 최종단계 기준)
※ 의학계열 제외

- 면접구술고사 반영비율 분포(일반전형/자연계)

구분	대학명	합계
20% 이상	〈국공립〉 강릉원주대, 경북대, 공주대, 광주과기원, 군산대, 서울대, 서울시립대, 순천대, 안동대, 전남대, 전북대, 제주대, 충북대	국공립 : 13개교 사립 : 70개교 합계 : 83개교
	〈사립〉 가천대, 가톨릭관동대, 건국대(글로컬), 경기대, 경운대, 경주대, 경희대, 고려대(서울), 광운대, 광주대, 광주여대, 국민대, 극동대, 김천대, 꽃동네대, 나사렛대, 남부대, 남서울대, 대구대, 대구예술대, 대전대, 동국대(경주), 동덕여대, 동신대, 동양대, 루터대, 명지대, 목원대, 부산가톨릭대, 삼육대, 상명대(서울), 상명대(천안), 서울여대, 서원대, 성균관대, 세한대, 송원대, 신한대, 안양대, 영남대, 영동대, 우석대, 우송대, 울산대, 위덕대, 이화여대, 인제대, 인하대, 전주대, 제주국제대, 조선대, 중부대, 중앙대, 중원대, 차의과학대, 케이씨대, 평택대, 한국성서대, 한국항공대, 한남대, 한려대, 한림대, 한서대, 한세대, 한신대, 한일장신대, 한중대, 호남대, 호서대, 호원대	
10% 이상	〈국공립〉 충남대	국공립 : 1개교 사립 : 3개교 합계 : 4개교
	〈사립〉 가야대, 서남대, 청주대	

※ 면접구술고사를 가장 높게 반영하는 모집단위 기준임(단계별 전형은 최종단계 기준)
※ 의학계열 제외

- 논술고사 반영비율 분포(모든 전형/자연계)

구분	대학명	합계
100% 이상	〈국공립〉서울시립대	국공립 : 1개교 사립 : 1개교 합계 : 2개교
	〈사립〉덕성여대	
80% 이상	〈국공립〉경북대	국공립 : 1개교 사립 : 2개교 합계 : 3개교
	〈사립〉서강대, 연세대(서울)	
60% 이상	〈국공립〉부산대, 서울과학기술대	국공립 : 2개교 사립 : 20개교 합계 : 22개교
	〈사립〉가톨릭대, 건국대(서울), 경희대, 광운대, 단국대, 동국대(서울), 서울여대, 성균관대, 세종대, 숙명여대, 숭실대, 아주대, 연세대(원주), 이화여대, 인하대, 중앙대, 한국항공대, 한양대(ERICA), 한양대(서울), 홍익대(서울)	

※ 논술을 가장 높게 반영하는 모집단위 기준임(단계별 전형은 최종단계 기준)
※ 의학계열 제외

VI. 논술 실시 현황 대학명

대학명	2017학년도						2018학년도					
	모집시기	전형명	모집인원	논술	학생부	기타	모집시기	전형명	모집인원	논술	학생부	기타
가톨릭대	수시	논술우수자전형	175	60	40		수시	논술전형	175	60	40	
건국대(서울)	수시	KU논술우수자전형	484	60	40		수시	KU논술우수자전형	484	60	40	
경기대(수원)	수시	논술고사우수자	140	60	40		수시	논술고사우수자	137	60	40	
경기대(서울)	수시	논술고사우수자	42	60	40		수시	논술고사우수자	42	60	40	
경북대	수시	논술(AAT)	904	80	20		수시	논술(AAT)	839	80	20	
	수시	논술(AAT)(계약학과)	10	80	20		수시	논술(AAT)(계약학과)	15	80	20	
경희대	수시	논술우수자	920	70	30		수시	논술우수자	820	70	30	
고려대(서울)	수시	일반전형	1,040	60	40							
광운대	수시	논술우수자	211	60	40		수시	논술우수자	209	60	40	
단국대(죽전)	수시	논술우수자	360	60	40		수시	논술우수자	360	60	40	
덕성여대							수시	논술100%전형	299	100		
동국대(서울)	수시	논술우수자	489	60	40		수시	논술우수자	474	60	40	
부산대	수시	논술전형	798	70	30		수시	논술전형	744	70	30	
서강대	수시	논술전형	364	60	40		수시	논술전형	355	80	20	

대학명	2017학년도						2018학년도					
	모집시기	전형명	모집인원	논술	학생부	기타	모집시기	전형명	모집인원	논술	학생부	기타
서울과학기술대	수시	논술위주전형	367	70	30		수시	논술위주전형	328	70	30	
서울시립대	수시	논술전형[1단계]	188	100			수시	논술전형[1단계]	168	100		
		논술전형[2단계]		60	40			논술전형[2단계]		60	40	
서울여대	수시	논술우수자전형	150	70	30		수시	논술우수자전형	150	70	30	
성균관대		과학인재	163	60		40(서류)	수시	논술우수	942	60	40	
	수시	논술우수	996	60	40							
		과학인재(계약학과)	30	60		40(서류)		논술우수(계약학과)	15	60	40	
		논술우수(계약학과)	25	60	40w							
세종대	수시	논술우수자	434	60	40		수시	논술우수자	434	60	40	
숙명여대	수시	논술우수자	337	60	40		수시	논술우수자	321	60	40	
숭실대	수시	논술우수자전형	387	60	40		수시	논술우수자전형	349	60	40	
아주대	수시	일반전형1(논술)	384	60	40		수시	논술우수자전형	226	70	30	
연세대(원주)	수시	일반논술전형	360	70	30		수시	일반논술전형	360	70	30	
연세대(서울)	수시	일반전형(수시)	683	87.1	12.9		수시	일반전형	683	87.1	12.9	

대학명	2017학년도						2018학년도					
	모집시기	전형명	모집인원	논술	학생부	기타	모집시기	전형명	모집인원	논술	학생부	기타
울산대	수시	논술전형(의예과)	20	60	40		수시	논술전형(의예과)	24	60	40	
		지역인재(의예과)	4	60	40			지역인재(의예과)	4	60	40	
이화여대	수시	논술전형	555	70	30		수시	논술전형	545	70	30	
인하대	수시	논술우수자	859	70	30		수시	논술우수자	564	70	30	
중앙대(안성)	수시	논술전형	80	60	40		수시	논술전형	80	60	40	
중앙대(서울)	수시	논술전형	810	60	40		수시	논술전형	836	60	40	
한국산업기술대							수시	일반전형(논술)	150	60	40	
한국외대(글로벌)	수시	논술전형	110	70	30							
한국외대(서울)	수시	논술전형	450	70	30		수시	논술전형	560	70	30	
한국항공대	수시	논술우수자전형	139	60	40		수시	논술우수자전형	133	60	40	
한양대(서울)	수시	논술	432	60	40		수시	논술	399	70	30	
한양대(에리카)	수시	논술	465	60	40		수시	논술	500	70	30	
홍익대(서울)	수시	논술전형	496	60	40		수시	논술전형	396	60	40	
합계			14,861						13,120			

2019학년도 대학입학 시행계획 주요사항

Ⅰ. 2019학년도 대학입학전형 기본일정

구분		내용
수시 모집	원서접수	수시 접수 : 2018.9.10.(월) ~ 9.14.(금) 중 3일 이상 ※ 재외국민과 외국인 특별전형 : 　2018.7.5.(목)~7.11.(수)
	전형기간	2018.9.10.(월) ~ 12.12.(수)(94일) (다만, 재외국민과 외국인 특별전형은 7~8월 중 전형 권장)
	합격자 발표	2018.12.14.(금) 까지
	합격자 등록	2018.12.17.(월) ~ 19.(수)(3일)
	수시 미등록 충원 합격 통보 마감	2018.12.26.(수) 21:00 까지
	수시 미등록충원 등록 마감	2018.12.27.(목)
정시 모집	원서접수	2018.12.29.(토) ~ 2019.1.3.(목) 중 3일 이상
	전형기간 가군	2019.1.4.(금) ~ 1.11.(금)(8일)
	전형기간 나군	2019.1.12.(토) ~ 1.19.(토)(8일)
	전형기간 다군	2019.1.20.(일) ~ 1.27.(일)(8일)
	합격자 발표	2019.1.29.(화) 까지
	합격자 등록	2019.1.30.(수) ~ 2.1.(금)(3일)
	정시 미등록 충원 합격 통보 마감	2019.2.14.(목) 21:00 까지
	정시 미등록충원 등록 마감	2019.2.15.(금)
추가 모집	원서접수&전형일&합격자 발표	2019.2.17.(일) ~ 2.24.(일) 21:00 까지
	등록 기간	2019.2.25.(월)

Ⅱ. 전형유형별 모집인원

□ 총 모집인원

구분	수시모집	정시모집	총 모집인원
2018학년도	259,673명 (73.7%)	92,652명 (26.3%)	352,325명
2019학년도	265,862명 (76.2%)	82,972명 (23.8%)	348,834명

□ 전형유형별 모집인원

구분	전형유형	2018학년도	2019학년도	비고
수시	학생부(교과)	140,935명(40.0%)	144,340명(41.4%)	
	학생부(종합)	83,231명(23.6%)	84,764명(24.3%)	
	논술 위주	13,120명(3.7%)	13,310명(3.8%)	
	실기 위주	18,466명(5.3%)	19,383명(5.6%)	
	기타	3,921명(1.1%)	4,065명(1.2%)	재외국민
	소계	259,673명(73.7%)	265,862명(76.2%)	
정시	수능 위주	80,311명(22.8%)	72,251명(20.7%)	
	실기 위주	11,334명(3.2%)	9,819명(2.8%)	
	학생부(교과)	491명(0.1%)	332명(0.1%)	
	학생부(종합)	435명(0.1%)	445명(0.1%)	
	기타	81명(0.0%)	125명(0.0%)	재외국민
	소계	92,652명(26.3%)	82,972명(23.8%)	
	합계	352,325명	348,834명	

Ⅲ. 모집시기별 주요 전형요소

□ 「수시모집」(일반전형/인문사회계) 전형요소별 반영비율

• 학교생활기록부 반영비율 분포

구분	대학명	합계
100%	〈국공립〉 강릉원주대, 경남과학기술대, 경북대, 공주대, 군산대, 금오공과대, 목포대, 순천대, 안동대, 전북대, 제주대, 창원대, 충남대, 충북대, 한경대, 한국교통대, 한밭대	국공립 : 17개교 사립 : 59개교 합계 : 76개교
	〈사립〉 가천대, 가톨릭관동대, 가톨릭대, 건양대, 경남대, 경동대, 경일대, 계명대, 나사렛대, 남서울대, 단국대, 대구대, 대신대, 덕성여대, 동국대(경주), 동덕여대, 동신대, 동양대, 목포가톨릭대, 배재대, 백석대, 상명대, 상지대, 서남대, 서울신학대, 서울여대, 선문대, 성결대, 세명대, 송원대, 수원대, 순천향대, 신경대, 안양대, 영남대, 예수대, 용인대, 우석대, 우송대, 울산대, 원광대, 위덕대, 을지대, 전주대, 조선대, 중부대, 중원대, 청운대, 청주대, 초당대, 평택대, 한국산업기술대, 한남대, 한려대, 한림대, 협성대, 호서대, 호원대, 홍익대	
80% 이상	〈국공립〉 전남대	국공립 : 1개교 사립 : 8개교 합계 : 9개교
	〈사립〉 가야대, 감리교신학대, 경운대, 광주대, 김천대, 서울장신대, 서원대, 케이씨대	
60% 이상	〈사립〉 경주대, 고려대(세종), 광주가톨릭대, 광주여대, 극동대, 남부대, 대전대, 대전신학대, 대진대, 루터대, 부산외국어대, 삼육대, 서경대, 서울기독대, 서울한영대, 세한대, 신한대, 유원대, 제주국제대, 한국성서대, 한라대, 한성대, 한세대, 한신대, 한일장신대, 호남대	합계 : 26개교
50% 이상	〈사립〉 건국대(글로컬), 목원대, 부산장신대, 아세아연합신학대, 한중대, 호남신학대	합계 : 6개교
40% 이상	〈국공립〉 서울시립대	국공립 : 1개교 사립 : 12개교 합계 : 13개교
	〈사립〉 건국대(서울), 경기대, 광운대, 대구외대, 동국대(서울), 성균관대, 세종대, 숙명여대, 숭실대, 중앙대, 칼빈대, 한국기술교대	

구분	대학명		합계
30% 이상	〈국공립〉 부산대, 서울과학기술대		국공립 : 2개교 사립 : 9개교 합계 : 11개교
	〈사립〉 경희대, 연세대(원주), 이화여대, 인하대, 한국외대, 한국항공대, 한서대, 한양대(ERICA), 한양대(서울)		
30% 미만	〈사립〉 서강대, 인제대		합계 : 2개교

※ 학생부를 가장 높게 반영하는 모집단위 기준임(단계별 전형은 최종단계 기준)

- 면접구술고사 반영비율 분표(일반전형/인문사회계)

구분	대학명	합계
20% 이상	〈국공립〉 강릉원주대, 경북대, 공주대, 군산대, 서울대, 서울시립대, 순천대, 안동대, 전남대, 전북대, 제주대, 창원대, 충남대, 충북대, 한밭대	국공립 : 15개교 사립 : 91개교 교대 : 3개교 합계 : 109개교
	〈사립〉 가천대, 가톨릭관동대, 감리교신학대, 건국대(글로컬), 경기대, 경남대, 경동대, 경운대, 경주대, 계명대, 고려대(서울), 광운대, 광주가톨릭대, 광주대, 광주여대, 국민대, 극동대, 김천대, 꽃동네대, 나사렛대, 남부대, 남서울대, 대구대, 대구외대, 대신대, 대전대, 대전신학대, 대진대, 동국대(경주), 동덕여대, 동신대, 동양대, 루터대, 명지대, 목원대, 부산가톨릭대, 부산외대, 부산장신대, 삼육대, 상명대, 서울기독대, 서울신학대, 서울여대, 서울장신대, 서울한영대, 서원대, 선문대, 성공회대, 성균관대, 성신여대, 세한대, 송원대, 순천향대, 신한대, 아세아연합신학대, 안양대, 영남대, 우석대, 우송대, 울산대, 위덕대, 유원대, 인제대, 인하대, 전주대, 제주국제대, 조선대, 중부대, 중앙대, 중원대, 차의과학대, 청운대, 초당대, 칼빈대, 케이씨대, 평택대, 한국산업기술대, 한국성서대, 한국항공대, 한남대, 한동대, 한라대, 한서대, 한세대, 한신대, 한일장신대, 한중대, 호남대, 호남신학대, 호서대, 호원대	
	〈교대〉 광주교대, 대구교대, 부산교대	
20% 미만	〈사립〉 가야대, 성결대, 청주대	합계 : 3개교

※ 면접구술고사를 가장 높게 반영하는 모집단위 기준임(단계별 전형은 최종단계 기준)

- 논술고사 반영비율 분포(모든 전형/인문사회계)

구분	대학명	합계
100% 이상	〈사립〉 연세대(서울)	합계 : 1개교
80% 이상	〈사립〉 덕성여대, 서강대, 아주대	합계 : 3개교
60% 이상	〈국공립〉 경북대, 부산대, 서울과학기술대, 서울시립대 〈사립〉 가톨릭대, 건국대(서울), 경기대, 경희대, 광운대, 단국대, 동국대(서울), 서울여대, 성균관대, 성신여대, 세종대, 숙명여대, 숭실대, 연세대(원주), 이화여대, 인하대, 중앙대, 한국기술교육대, 한국외국어대, 한국항공대, 한양대(ERICA), 한양대(서울), 홍익대	국공립 : 4개교 사립 : 23개교 합계 : 27개교

※ 논술을 가장 높게 반영하는 모집단위 기준임(단계별 전형은 최종단계 기준)

□ 「수시모집」(일반전형/자연계) 전형요소별 반영비율

• 학교생활기록부 반영비율 분포(일반전형/자연계)

구분	대학명	합계
100%	〈국공립〉 강릉원주대, 경남과학기술대, 경북대, 공주대, 군산대, 금오공과대, 목포대, 순천대, 안동대, 전북대, 제주대, 창원대, 충남대, 충북대, 한경대, 한국교통대, 한밭대	국공립 : 17개교 사립 : 58개교 합계 : 75개교
	〈사립〉 가천대, 가톨릭관동대, 가톨릭대, 건양대, 경남대, 경동대, 경일대, 계명대, 나사렛대, 남서울대, 단국대, 대구대, 덕성여대, 동국대(경주), 동덕여대, 동신대, 동양대, 목포가톨릭대, 배재대, 백석대, 상명대, 상지대, 서남대, 서울여대, 선문대, 성결대, 세명대, 송원대, 수원대, 순천향대, 신경대, 안양대, 영남대, 예수대, 용인대, 우석대, 우송대, 울산대, 원광대, 위덕대, 유원대, 을지대, 전주대, 조선대, 중부대, 중원대, 청운대, 청주대, 초당대, 평택대, 한국산업기술대, 한남대, 한려대, 한림대, 협성대, 호서대, 호원대, 홍익대	
80% 이상	〈국공립〉 전남대	국공립 : 1개교 사립 : 6개교 합계 : 7개교
	〈사립〉 가야대, 경운대, 광주대, 김천대, 서원대, 케이씨대	
60% 이상	〈사립〉 경주대, 고려대(세종), 광주여대, 극동대, 남부대, 대전대, 대진대, 루터대, 부산외대, 삼육대, 서경대, 세한대, 신한대, 제주국제대, 한국성서대, 한라대, 한성대, 한세대, 한신대, 호남대	합계 : 20개교
50% 이상	〈사립〉 건국대(글로컬), 대구예술대, 목원대, 한일장신대, 한중대	합계 : 5개교
40% 이상	〈국공립〉 서울시립대	국공립 : 1개교 사립 : 9개교 합계 : 10개교
	〈사립〉 건국대(서울), 광운대, 동국대(서울), 성균관대, 세종대, 숙명여대, 숭실대, 중앙대, 한국기술교대	
30% 이상	〈국공립〉 부산대, 서울과학기술대	국공립 : 2개교 사립 : 8개교 합계 : 10개교
	〈사립〉 경희대, 연세대(원주), 이화여대, 인하대, 한국항공대, 한서대, 한양대(ERICA), 한양대(서울)	
30% 미만	〈사립〉 서강대, 인제대	합계 : 2개교

※ 학생부를 가장 높게 반영하는 모집단위 기준임(단계별 전형은 최종단계 기준)
※ 의학계열 제외

- 면접구술고사 반영비율 분포(일반전형/자연계)

구분	대학명	합계
20% 이상	〈국공립〉 강릉원주대, 경북대, 공주대, 군산대, 서울대, 서울시립대, 순천대, 안동대, 전남대, 전북대, 제주대, 창원대, 충남대, 충북대, 한밭대	국공립 : 15개교 사립 : 78개교 합계 : 93개교
	〈사립〉 가천대, 가톨릭관동대, 건국대(글로컬), 경기대, 경남대, 경동대, 경운대, 경주대, 계명대, 고려대(서울), 광운대, 광주대, 광주여대, 국민대, 극동대, 김천대, 꽃동네대, 나사렛대, 남부대, 남서울대, 대구대, 대구예술대, 대전대, 대진대, 동국대(경주), 동덕여대, 동신대, 동양대, 루터대, 명지대, 목원대, 부산가톨릭대, 부산외국어대, 삼육대, 상명대, 서울여대, 서원대, 성공회대, 성균관대, 성신여대, 세한대, 송원대, 순천향대, 신한대, 안양대, 영남대, 우석대, 우송대, 울산대, 위덕대, 유원대, 인제대, 인하대, 전주대, 제주국제대, 조선대, 중부대, 중앙대, 중원대, 차의과학대, 초당대, 케이씨대, 평택대, 포항공과대, 한국산업기술대, 한국성서대, 한국항공대, 한남대, 한라대, 한려대, 한서대, 한세대, 한신대, 한일장신대, 한중대, 호남대, 호서대, 호원대	
10% 이상	〈사립〉 가야대, 서남대, 청주대	합계 : 3개교

※ 면접구술고사를 가장 높게 반영하는 모집단위 기준임(단계별 전형은 최종단계 기준)
※ 의학계열 제외

- 논술고사 반영비율 분포(모든 전형/자연계)

구분	대학명	합계
100% 이상	〈사립〉 연세대(서울)	합계 : 1개교
80% 이상	〈사립〉 덕성여대, 서강대, 아주대	합계 : 3개교
60% 이상	〈국공립〉 경북대, 부산대, 서울과학기술대, 서울시립대 〈사립〉 가톨릭대, 건국대(서울), 경희대, 광운대, 단국대, 동국대(서울), 서울여대, 성균관대, 성신여대, 세종대, 숙명여대, 숭실대, 연세대(원주), 울산대, 이화여대, 인하대, 중앙대, 한국기술교대, 한국산업기술대, 한국항공대, 한양대(ERICA), 한양대(서울), 홍익대	국공립 : 4개교 사립 : 23개교 합계 : 27개교

※ 논술을 가장 높게 반영하는 모집단위 기준임(단계별 전형은 최종단계 기준)
※ 의학계열 제외

Ⅳ. 논술 실시 현황 대학명

| 대학명 | 2018학년도 | | | | | | | 2019학년도 | | | | | |
| | 모집시기 | 전형명 | 모집인원 | 반영비율(%) | | | 모집시기 | 전형명 | 모집인원 | 반영비율(%) | | |
				논술	학생부	기타				논술	학생부	기타
가톨릭대	수시	논술전형	175	60	40		수시	논술전형	175	70	30	
건국대(서울)	수시	KU논술우수자전형	484	60	40		수시	KU논술우수자전형	465	60	40	
경기대(수원)	수시	논술고사우수자	137	60	40		수시	논술고사우수자	135	60	40	
경기대(서울)	수시	논술고사우수자	42	60	40		수시	논술고사우수자	42	60	40	
경북대	수시	논술(AAT)	839	80	20			논술(AAT)	810	70	30	
		논술(AAT)(계약학과)	15	80	20		수시	논술(AAT)(계약학과)	15	70	30	
경희대	수시	논술우수자	820	70	30		수시	논술우수자	770	70	30	
광운대	수시	논술우수자	209	60	40		수시	논술우수자	206	60	40	
단국대(죽전)	수시	논술우수자	360	60	40		수시	논술우수자	350	60	40	
덕성여대	수시	논술100%전형	299	100			수시	논술전형	303	80	20	
동국대(서울)	수시	논술우수자	474	60	40		수시	논술우수자	474	60	40	
부산대	수시	논술전형	744	70	30		수시	논술전형	727	70	30	

대학명	2018학년도						2019학년도					
	모집시기	전형명	모집인원	논술	학생부	기타	모집시기	전형명	모집인원	논술	학생부	기타
서강대	수시	논술전형	355	80	20		수시	논술전형	346	80	20	
서울과학기술대	수시	논술위주전형	328	70	30		수시	논술위주전형	271	70	30	
서울시립대	수시	논술전형[1단계]	168	100			수시	논술전형[1단계]	154	100		
		논술전형[2단계]		60	40			논술전형[2단계]		60	40	
서울여대	수시	논술우수자 전형	150	70	30		수시	논술우수자 전형	150	70	30	
성균관대	수시	논술우수	942	60	40		수시	논술우수	885	60	40	
		논술우수(계약학과)	15	60	40			논술우수(계약학과)	10	60	40	
성신여대			—				수시	논술우수자	311	70	30	
세종대	수시	논술우수자	434	60	40		수시	논술우수자	392	60	40	
숙명여대	수시	논술우수자	321	60	40		수시	논술우수자	302	60	40	
숭실대	수시	논술우수자 전형	349	60	40		수시	논술우수자 전형	322	60	40	
아주대	수시	논술우수자 전형	226	70	30		수시	논술우수자 전형	221	80	20	
연세대(원주)	수시	일반논술전형	360	70	30		수시	일반논술전형	350	70	30	
연세대(서울)	수시	일반전형	683	87.1	12.9		수시	논술전형	643	100		
울산대	수시	논술전형(의/예과)	24	60	40		수시	논술전형(의/예과)	16	60	40	
	수시	지역인재(의/예과)	4	60	40							

대학명	2018학년도						2019학년도					
	모집시기	전형명	모집인원	논술	학생부	기타	모집시기	전형명	모집인원	논술	학생부	기타
이화여대	수시	논술전형	545	70	30		수시	논술전형	670	70	30	
인하대	수시	논술우수자	564	70	30		수시	논술우수자	564	70	30	
중앙대 (안성)	수시	논술전형	80	60	40		수시	논술전형	66	60	40	
중앙대 (서울)	수시	논술전형	836	60	40		수시	논술전형	817	60	40	
한국기술 교대							수시	코리아텍 일반전형	241	60	40	
한국산업 기술대	수시	일반전형(논술)	150	60	40		수시	일반전형(논술)	150	60	40	
한국외대 (서울)	수시	논술전형	560	70	30		수시	논술전형	546	70	30	
한국 항공대	수시	논술우수자 전형	133	60	40		수시	논술우수자전형 (항공운항학과) [1단계]	202	60	40	
							수시	논술우수자전형 (항공운항학과) [2단계]	13	70	30	100
한양대 (서울)	수시	논술	399	70	30		수시	논술	378	70	30	
한양대 (에리카)	수시	논술	500	70	30		수시	논술	419	70	30	
홍익대 (서울)	수시	논술전형	396	60	40		수시	논술전형	399	60	40	
합계			13,120						13,310